일급 대화

일급 대화

1판 1쇄 발행 2019년 12월 20일

지 은 이 이서정
펴 낸 이 신혜경
펴 낸 곳 마음의숲

대 표 권대웅
주 간 이효선
편 집 전태영
디 자 인 임정현 박기연
마 케 팅 노근수 허경아

출판등록 2006년 8월 1일(제2006-000159호)
주 소 서울시 마포구 와우산로30길 36 마음의숲빌딩(창전동 6-32)
전 화 (02) 322-3164~5 팩스 (02) 322-3166
이 메 일 maumsup@naver.com
인스타그램 @maumsup
용지 신승지류유통(주) 인쇄·제본 (주)에이치이피

ISBN 979-11-6285-052-7 (03190)

*값은 뒤표지에 있습니다.

*이 도서의 국립중앙도서관 출판예정도서목록(CIP)은 e-CIP홈페이지(http://www.nl.go.kr/ecip)와
국가자료공동목록시스템(http://www.nl.go.kr/kolisnet)에서 이용하실 수 있습니다.
(CIP제어번호: CIP2019050999)

일급 대화

이서정 지음

마음의숲

타우러스산맥 Mount Taurus 터키 남부 지중해 연안 부근 의 어느 후미진 곳에 독수리의 서식지가 있다고 한다. 이곳에 사는 독수리들의 가장 좋은 먹잇감은 바로 여기를 지나는 두루미들이다. 두루미들이 타우러스산맥을 지나갈 때면 종종 독수리들에게 공격을 받는다고 한다. 두루미는 평소 시끄럽게 우짖는 새로 알려져 있고, 특히 하늘을 날 때는 더욱 요란한 소리를 낸다고 한다.

그런데 무리를 지어 나는 두루미들이 타우러스산을 지날 때 지저대는 소리들이 독수리들에게는 좋은 먹이가 도착한다는 신호로 포착된다. 바로 훌륭한 먹잇감의 표시인 이러한 소리들로 독수리들은 먹이를 포착할 기회를 잡는다. 곧잘 소란스럽게 지껄이는 몇몇 두루미들을 공격해 먹이로 삼고 만다.

그러나 이런 독수리들의 공격에도 나이 많고 숙련된 두루미들은 자신들의 소란스러운 약점을 드러내지 않는다. 날기 전에 독수리들의 공격을 피하기 위해 입에 꽉 찰 정도의 크기인 돌을 입에 물고 하늘을 나는 여행길에 오른다.

노련하고 경험 많은 두루미들은 입에 문 돌 때문이라도 시끄럽게 소리 내지 않고 침묵을 지키며 날아가는 것이다. 노련한 두루미들의 선두 비행으로 나머지 무리들이 질서를 지키며 독수리의 먹이가 될 위험에서 벗어나 무사히 여행을 마친다고 한다.

이 예화는 말을 줄임으로써 목숨마저 건져낼 수 있음을 보여준다. 말이 많으면 실수가 많을 수밖에 없다. 우리가 일상생활을 하면서 말 때문에 싸움의 불길을 키우는 일은 수두룩하다. 말로 싸움의 불길이 일어나게 될 때는 차라리 침묵하는 것이 좋을 때가 많다. 침묵이 때로는 금처럼 값진 경험을 가져다줄 것이며, 사람을 변화시키기도 한다. 입을 열어 다툼이 되느니 차라리 입을 닫고 침묵하는 게 낫다.

정보의 홍수 속에 많은 이들의 입으로 수많은 정보들이 떠돌아다닌다. 그 입에서 나오는 말들이 때로는 모든 문제의 화근이 된다. 말을 많이 하다 보면 대부분 얄팍한 지식과 실력, 경박한 성품이 입을 통해 드러난다. 물고기가 낚싯바늘에 걸리는 것도 결국 입을 벌리기 때문이 아닌가. 신이 인간에게 하나의 입과 두 개의 귀를 만들어주었다. 그것은 남에게 말하는 일보다 남의 말을 듣기에 더 신경 쓰라는 뜻이라고 한다.

태양왕으로 불리던 프랑스 루이 14세, 그는 자신의 속내를 잘 드러내 보이지 않아서 신하들을 혼란스럽게 만들었다. 그러자 신하들은 좀처럼 표정이나 의중을 드러내지 않는 루이 14세를 두렵게 여겼다. 장관들이 각료회의에 참석해도 왕은 오랫동안 고민한 결론만을 내려줄 뿐이었다. 왕은 국사를 절대로 입 밖에 내지 않고, 신하들에게는 단지 권리와 의무만을 얘기해줄 뿐이었다. 그래서 신하들은 루이 14세가 아무리 의미 없어 보이는 이야기, 사소한 이야기를 하더라도 마치 신탁처럼 귀를 기울여 듣곤 했다고 한다.

루이 14세는 말로써 허점을 드러내지 않으려 했다. 자신의 뜻을 지키기 위해 다른 사람의 말을 침묵하며 경청했고, 그 뒤 숙고하여 결단성 있는 행동을 실천한 인물이다. 그래서 '짐이 곧 국가'라고 할 만큼의 위엄을 국민들에게 보인 것이 아닌가.

말로 승부한다는 것은 말을 잘해서 상대를 제압하라는 것이 아니다. 저자의 전작 《이기는 대화》의 내용도 줄곧 말을 아낌으로써 말의 효과를 극대화하는 방법을 말했다. 아끼고 아껴서 머릿속으로 정리되어 나온 진실한 말이야말로 사람들 사이를 돌아다녀 가슴을 뜨겁게 해주는 일이라고 역설했다.

말을 많이 하기보다는 말을 줄임으로써 얻는 시너지, 더 나가 때로는 침묵으로 말을 대신하는 것이 중요할 만큼 우리는 말의 홍수 속에 살아간다. 말을 줄이고 침묵을 지켜내는 일이야말로 일급 대화의 비법이 아닐까 한다.

우리는 말의 홍수 속에 살아가지만, 사람들의 가슴을 열어주고 뜨거운 열정을 일으킬 그 한마디 말을 듣고 싶다. 이 책 《일급 대화》에서는 그 방법의 디테일을 보여주려 한다.

저자

이서정

CONTENTS

2 공감의 대화, 비공감의 대화

3 사람을 구하는 말, 사람을 버리는 말

4 기분 좋게 하는 대화, 유쾌하게 만드는 대화

5 결국 말로 사람을 얻는다

"새장에서 도망친 새는 붙잡을 수가 있으나,
입에서 나간 말은 붙잡을 수가 없다."

1 위로가 되는 말 비수가 되는 말

칭찬은 힘겨워 쓰러질 때
일으켜줄 수 있는 구원의 손길이요,
마음을 따뜻하게 만들어줄 희망의 손짓이다.
더 나가 삶을 긍정적으로 끌어내는
중요한 대화의 수단임을 잊지 말자.

다른 사람과 대화하며 살 때, 그것은 두 번 사는 것과 같다.
기쁜 일은 서로의 나눔을 통해 두 배로 늘어나고,
힘든 일은 함께 주고받음으로써 반으로 줄어든다.
각각 자신의 특이한 결론들을 가지고 대화를 통해
듣고 이야기하는 것은 상대방에게 관심을 돌리는 것이다.
본질적으로 대화란 상대방에게 중심을 둔 것이다.
대화는 사람 가운데 머무르는 비밀과 순수한 사람의 행위다.

– 존 포웰

상대의 비난마저
축사처럼 받아들여라

상대가 던지는 비난이나 비판을 성가시거나 불편하다고 생각지 말자. 오히려 축복이라고 여긴다면 자신을 정도에 이르게 하는 지름길을 만난다.

자신을 비판해준 사람에게 이렇게 말할 수 있어야 한다.

“성가신 문제를 말씀해주셔서 대단히 감사합니다.”

비판에 귀를 기울이는 사람만이 자신의 결점을 바로 알고 이를 극복할 수 있다. 비판에 귀를 기울이지 않는 사람은 얼굴에 검정을 묻히고 대로를 누비는 사람과 다름없다.

그는 충고해주려는 무수한 사람에게 이렇게 말하는 셈이다.

"당신 일이나 신경을 쓰시오. 나는 아무런 잔소리도 듣고 싶지 않소."

그러면 그는 사람들의 조롱거리가 될 것이다. 다른 사람의 충고를 진지하게 받아들여야 하는 이유는, 다른 사람이 나보다 내 모습을 정확하고 객관적으로 볼 수 있기 때문이다. 자신은 매력 있다고 생각했으나, 다른 사람의 눈에는 아첨하는 것으로 보일지도 모른다.

또 자기는 일 처리가 빠르다고 생각하고 있으나, 다른 사람이 보기에는 초조해하는 것처럼 보일 수도 있다. 그리고 자신은 머리가 좋다고 여기고 있으나, 다른 사람이 보기에는 잔꾀나 부리는 약삭빠른 녀석으로 보일 수 있기 때문이다.

A. D. 300년쯤 수도원 운동의 창시자인 안토니우스의 제자 마카리우스는 성인으로 칭송을 받았다. 그가 있던 수도원 근처 마을에서 한 여인의 부정한 임신 사실이 드러나자 '아기의 아버지는 마카리우스'라고 헛소문이 돌았다.

그 소문 때문에 마카리우스는 마을 사람들에게 몰매를 맞고 배척받았으나 조용히 침묵을 지켰고, 노동으로 번 돈을 그 여인에게 주었다.

이 같은 마카리우스의 사심 없는 배려에 마음이 움직인 여인은 결국 자신이 거짓말을 했노라며 사실을 고백했고 부끄러움을 느낀 마을 사람들은 그에게 용서를 구했다. 그는 조용히 웃으며 사막의 동굴로 들어가 계속 수도 생활에 정진했다고 한다.

상대의 비난과 평가에 관대해져라.

상대의 비난이나 평가에 발끈해서 말을 던지면 다시는 상대로부터 자신에 대한 어떠한 평가를 받아낼 수 없다. 도리어 비난과 평가를 해준 상대에게 감사를 표할 때 많은 사람으로부터 열린 사람으로 대우받을 수 있다.

"쉽지 않은 말씀을 해주셔서 감사합니다."

"그 말은 제게 딱 마땅한 조언입니다. 달게 받겠습니다."

상대의 충고나 평가로부터 자유로워져야 타인과의 대화에서 유리한 위치를 점할 수 있고, 사람들과 교제의 폭도 다양하게 펼칠 수 있다.

남의 말에 말끝마다 토를 달고, 상대의 충고를 수용하지 않는다면 당신에게 어떠한 사람도 모여들지 않을 것이다.

명심해라.

상대방의 비난이나 평가로부터 자유로워질 것을.

비난으로부터 자유로워지는 방법

□ 비판하거나 비난하는 사람의 말투나 방식에 신경 쓰지 말고, 비난하는 사람이 들추어내는 중요한 제안에 신경 쓰자.

□ 비난에 대해 즉각적으로 대응하려는 자세를 버리고 무시해버린다.

□ 비난하는 사람이 무색해질 만큼 표정의 변화를 보이지 말고, 도리어 웃는 낯으로 반응해준다.

□ 상대가 말하는 비난과 비평으로부터 무엇을 배우고 반성해야 하는지를 먼저 생각한다.

□ 자신에 대한 인신공격을 화내며 반박하지 말고 철저하게 무시한다. 어느 한 쪽이 인신공격을 할 때 대응을 하면 급기야 분쟁으로 번져 큰 싸움을 초래한다.

칭찬은 희망의 지름길
비난은 절망의 뒤안길

칭찬은 사람과 사람 사이를 부드럽게 만드는 윤활유와 같다. 칭찬은 듣는 사람에게도, 하는 사람에게도 생활의 플러스 역할을 톡톡히 한다. 그러나 비난은 번개와 같다. 늘 높은 곳을 먼저 때려 큰 피해를 주듯, 사람의 마음에 상처를, 지독한 흔적을 남겨준다. 우리는 남을 비난하기 전 혹시 남을 먼저 배려용서할 수 없는지 살펴야 한다.

미용실에서 머리를 손질하고 온 아내가 저녁 식탁에 마주 앉은 남편을 쳐다보며 물었다.

"나, 변한 것 같지 않아. 어디 변한 거 모르겠어요?"

"뭐가 변했다고 그러는 거야? 실없기는 사람도! 생뚱맞게 왜 그래?"

"됐어요. 당신에게 뭘 기대하겠어."

미용실에서 멋지게 다듬고 온 아내의 헤어스타일을 보고도 아무 말도 하지 않는 남편, 하지만 반대로 이렇게 말할 수도 있다.

"오늘 당신 10년은 젊어 보여. 헤어스타일이 바뀌니까 참 잘 어울리는데? 이거, 처녀라고 해도 믿겠어."

이렇게 관심을 갖고 말해주는 남편과는 어떤 차이를 느끼게 될까.

말 한마디로 그날 저녁의 식탁 분위기는 하늘과 땅만큼의 차이가 날 것이다. 늘 일상적인 관계를 이어오는 부부지간에도 특별한 대화법이 존재해야 한다. 그래야 서로의 신뢰와 사랑이 늘 새롭게 싹틀 수 있다.

이날 남편은 식탁에 앉아 아내를 향한 칭찬부터 했다면 그들 부부의 저녁 식탁은 풍성한 한마당이 됐을 것이다. 퉁명한 남편의 대답에 아내는 기분이 상했다.

여성들에게 인기가 많은 P씨, 그가 여성에게 인기 있는 이유는 단 한 가지. 상대 여성을 향해 늘 관심을 보이며 칭찬하는 특유의 화술이 그의 무기다. 그의 칭찬을 들은 여성들은 쉽사리 그에게 마음을 보이곤 한다. 어느날, 그는 정말로 맘에 드는 여성을 만나 즐거운 시간을 보내게 되었다.

어느 정도 술을 마실 줄 아는 그녀와 카페에서 칵테일을 한 잔씩 마시고 있었다.

두 잔 정도를 마시고 난 후 그녀는 P씨에게 이렇게 말했다.

"나, 얼굴 빨개졌지요. 약간 취기가 오르네요. 그쪽은 괜찮아요?"

"아, 나도 약간 취기를 느끼기는 하는데, 난 칵테일이 아니라 당신에게 취했나 봐요!"

이런 말을 듣고 기분 좋지 않을 여성은 없다. 자신에게 관심을 보이고 칭찬해주는데 왜 마음이 끌리지 않겠는가.

그러나 무턱대고 하는 칭찬은 오히려 상대의 반감을 살 수 있다. 칭찬하는 방법 중에서도 가장 중요한 것은 진심을 담아서 해야 한다는 것이다. 마음에서 우러나오는 말은 언제 어디서든 통하는 법이다. 진심으로 상대방을 격려하고 칭찬한다면 그 마음이 상대에게 그대로 전해지기 마련이다. 가식적으로 내뱉는 말과 진심으로 하는 말의 차이는 매우 크다.

그리고 남을 비난하는 자세도 문제지만, 비난을 받았을 때

대처하는 법에 따라 마음의 상처를 줄일 수 있다.

비난이란 표적을 맞힐 때만 상처를 줄 수 있다. 그런데 자신이 비난받을 만한 일을 하지 않았다면 그저 무시해버리면 된다.

칭찬에 대한 속담과 격언

- □ 고슴도치도 제 새끼가 예쁘다면 좋아한다.
- □ 칭찬받지 못한 일이나 행동이라도 좋다고 추켜주면 좋아한다.
- □ 책망은 몰래 하고 칭찬은 알게 하랬다.
- □ 분수에 지나친 칭찬을 받고 기뻐 뛰는 자는 가장 천박하고 평범한 인간이다.
- □ 무가치한 칭찬은 가면을 쓴 풍자다.
- □ 칭찬은 다른 사람에게 선의 빚을 지는 것이다.
- □ 칭찬받을 만한 사람이 칭찬받는 것은 더없이 큰 행복이다.
- □ 칭찬은 선의 그림자로 시녀가 귀부인을 경탄하게 하는 것보다도 더 선의 비위를 맞춘다.

말이 입힌 상처는 칼이 입힌 상처보다 깊다

말로 상처를 입은 것은 두고두고 가슴에 남아 칼로 몸에 상처가 난 것보다 훨씬 깊다.

칭찬은 힘겨워 쓰러질 때 일으켜줄 수 있는 구원의 손길이요, 마음을 따뜻하게 만들어줄 희망의 손짓이다. 더 나가 삶을 긍정적으로 끌어내는 중요한 대화의 수단임을 잊지 말자.

중소기업의 홍보 팀장인 C씨는 요즘 중학교 2학년생 딸 때문에 속을 끓이고 있다. 엄마인 자신한테 대들기는 예사이고 툭하면 학교에서 문제아로 찍힌 친구들과 어울려 학교에 결석하기 일쑤며 심지어 가출을 감행하려고까지 해서 고민이 말도 아니다. 애끓는 속내를 남편에게 하소연하기도 하고 딸아이를 윽박지르다가 달래보고 애원해도 딸아이의 돌아선 마음은 좀처럼 제 갈 길을 찾지 않았다.

급기야 C씨는 회사에 사직서를 제출하고 딸아이 바로잡기 프로젝트에 들어가려 준비하고 있다. 그런 딸을 보다 못한 친정어머니가 달려왔다.

“영아, 재는 꼭 너를 닮았나 보다. 너도 고등학교 때 그렇게 내 속을 썩이더니 말이야. 재가 꼭 제 어미를 닮은 거야.”

“엄마, 불 난 집에 부채질해요? 꼭 그렇게 말씀하셔야 돼요. 그런 말 하시려면 돌아가세요.”

신경이 날카로워진 C씨는 친정어머니의 핀잔에 발끈하여 한마디했다. 그러잖아도 C씨는 대학 시절 친정어머니와 트러블이 생길 때면 들어왔던 고약한 말이 항상 가슴 언저리에서 사라지지 않는 트라우마였다.

결혼 전 친정어머니의 잔소리에 듣기 싫다고 대들거나 의견 충돌이 있을 때, 또는 친정어머니가 탐탁지 않게 여기는 남편과 결혼할 때, 친정어머니는 자주 이런 말을 했다.

“너도 나중에 시집가서 꼭 너 같은 자식 낳아서 키워봐라!”

C씨는 자식 일로 마음이 상한 데다 친정엄마의 비난에 그

만 몸져눕는 상황까지 가고 말았다.

산고의 고통도 함께 겪고 세상에 엄마와 자식으로 처음 만났을 때의 벅찬 감동을 기억한다면 자식에게 그런 가혹한 운명을 예고하는 폭언은 하지 말아야 한다.

'부모는 그렇게 살았어도 내 자식은 바르고 착한 아이 낳아서 행복하게 살아야지.'

이렇게 바라는 게 부모 마음일진대, '너도 그런 자식 낳아서 고생하고 속 태워보라'는 말로써 칼에 입은 상처보다 더 큰 상처의 흔적을 남겨줘서야 되겠는가.

친정어머니는 딸이 대들거나 원하지 않은 사윗감을 맞았을 때 그 행동을 나무라고 싶더라도 위로해주거나 용기 있는 말로 C씨를 다독였다면 어머니와 딸은 끈끈한 모녀 사이로 아끼고 살지 않았을까.

아무리 아이가 어머니의 마음에 들지 않게 행동했어도 질책하기보다는 칭찬으로 딸에게 자신감을 불어넣어주고 다독였다면 C씨는 어려운 순간이 닥쳤더라도 친정어머니의 말 덕분에 용기와 희망을 얻어 좀 더 위안받았을지 모른다.

가장 가까운 어머니에게서 말로 입은 상처로 C씨의 가슴에는 어려운 순간마다 원망이 되살아날지도 모를 일이다. 칼로 입은 상처는 약으로 치료하면 되지만, 말로 입은 상처는 치유할 길이 멀다.

어머니의 칭찬이 주는 기쁨이 자식에게는 삶의 밑거름이 된다는 것을 C씨의 친정어머니가 좀 더 일찍 알았더라면 모두가 행복했을 텐데.

자녀들이 부모에게 가장 상처받는 말들

- □ 네가 제대로 하는 게 뭐 있어?
- □ 내가 왜 너를 낳았는지 모르겠다.
- □ 꼴도 보기 싫다. 나가버려.
- □ 넌 참 한심한 녀석이야.
- □ 멍청한 놈, 생각이 그거밖에 안 되니?
- □ 네가 하는 짓이 다 그렇지 뭐.
- □ 넌 도움이 안 돼.
- □ 입 다물고 있어. 한마디도 하지 마.

내 말은 남이 하고
남 말은 내가 한다

대화하다 보면 항상 좋은 상황만 펼쳐지지 않는다. 아주 지독한 방해꾼들을 만나 시간이 원수처럼 느껴질 때도 있다. 그 가운데 부정적인 사고방식을 가진 사람의 시샘 어린 발언이나 조롱, 비난, 인신공격을 받으면 몹시 난감해진다. 그와 같은 시련을 견뎌내자니 속에서 울컥 치미는 화를 참을 수 없고, 자리를 박차고 나가자니 그 파국의 책임을 고스란히 뒤집어쓸 위험이 있다.

하지만 말하는 당사자는 이런 상대방의 감춰진 고통은 아랑곳하지 않고 내내 자신에 대해서만 말하거나, 듣고 싶지 않은 내용만 골라서 말한다. 또 전혀 알지도 못하는 사람의 이야기를 하거나 지나치게 단조로운 억양으로 말함으로써 지루해지고 하품이 나오게 만든다.

A씨는 아침 출근이 늦어 담당 부서장에게 지각 이유를 설명하려고 다가갔다.

"부장님, 오늘 아침에 알람시계를 6시에 맞춰놨는데 제가 그 소리를 듣지 못해서 늦게 일어났어요. 부랴부랴 옷을 입고 통근 버스를 타려고 줄지어 기다리는데 버스가 늦게 도착하지 뭐예요. 거기다가 교통사고로 길이 막혀 20분 이상 멈춰서 있었어요. 빨리 오려고 했는데 이런저런 상황으로 늦었습니다."

A씨처럼 끝까지 지각 이유를 자신의 의지와는 상관없이 주변 상황으로 돌리려는 사람의 말을 경청할 부서장이 있기나 할까?

"부장님, 늦어서 죄송합니다. 다음부터 주의하겠습니다!"

딱 두 마디면 되는 말을 장황하게 늘어놓아 봤자 그 이야기를 들어줄 만큼 아량 넓은 부서장은 없다. 지각한 것도 보기 싫은데 변명 가득한 비효율적 말 습관을 가진 A씨는 대화에 공을 들이는 습관을 키워야 한다.

A씨 같은 부류의 사람과 마주하고 있으면 자꾸 시계를 들여다보게 되고 몸이 비틀린다. 답답해서 다리도 흔들어보고 손가락으로 탁자를 두드린다. 시선이 상대방에게 가지 않고 자꾸 곁으로 향한다. 애꿎은 물만 자꾸 마시다 보니 컵이 자주 빈다.

특히 이런 부류의 사람과 대화를 할 때면 주의해야 할 게 하나 있다. 이런 사람과는 대화를 주고받을 때 그 자리에 없는 사람을 놓고 험담하는 경우를 주의해야 한다.

타인에 대한 불평이나 험담은 처음에는 재미있다. 그러나 그 말이 늘어질수록 지겨워진다. 그 자리에 없는 사람을 놓고 험담이 시작되었을 때는 가급적 화제를 섞지 말아야 한다. 설령, 험담의 주인공을 알고 있더라도 그 자리에 함께 나서서 험담 주인공을 거론하지 말아야 한다.

가급적 빨리 화제를 다른 방향으로 돌려야 한다. 누군가를 험담하는 건 흥미로울 수도 있고, 타인의 잘못을 알아버린 묘한 느낌도 들겠지만, 잘못하다간 대화에 휘말려 생각지도 못한 손해를 입게 되고 오해를 불러올 여지가 생겨나기 때문이다.

유명한 배우이자 가수인 슈레더는 한때 연예계에서 전성기를 누렸다. 나이가 들어 연예계를 은퇴하고 조용히 지내고 있었다. 어느 날, 슈레더가 기차여행을 하던 중 그녀 앞에 앉아 있던 한 부인이 슈레더에 관한 이야기를 했다.

"슈레더는 이제 퇴물이야. 나이도 들고 목소리도 이미 늙어서 듣기 싫어."

사실 슈레더는 중년에 접어들며 예전 같지 않은 모습을 보였다. 옆자리의 신사가 그 부인의 말을 듣고는 싱긋 웃으며 대꾸했다.

"그 가수에게 직접 말씀해보세요. 장본인이 바로 당신 앞에 있지 않습니까?"

그 부인은 당황하여 앞에 앉은 슈레더에게 변명을 늘어놓았다.

"마담, 제 말을 고깝게 여기지 말아주세요. 제가 지금 한 말들은 오늘 석간에 실린 연예기사랍니다. 그런 연예기자들의 말은 믿을 수가 없어요."

슈레더는 다시 미소 지으며 말했다.

"그런 말씀이라면 그분에게 직접 하시지 그러세요. 그 연예기자가 바로 당신 옆에 앉아 있군요."

기차 안의 부인은 자신과 상관없는 남의 이야기, 그것도 험담이나 비난과 다름없는 이야기를 아무렇지도 않게 했다. 우리는 이런 사람들을 주변에서 많이 본다.

자신과 아무런 연관도 없는데 굳이 험담을 일삼는 사람이라면, 또는 내가 없는 자리에서 나쁜 말을 하는 사람이라면, 다른 자리에 가서도 반드시 나를 헐뜯을 가능성이 높다.

피에 굶주린 승냥이는 어느 벌판에 놓아두어도 먹잇감을 찾아내는 법이다. 그런 위험에 대비하려면 평소 확실치 않은 이야기에는 입도 벙끗하지 않도록 자신을 단속하는 게 좋다. 한순간의 재미 때문에 평생 누군가에게 원망을 받게 되는 일은 피하는 것이 좋지 않겠는가.

그러므로 상대방이 시작한 타인의 험담에는 빨리 화제를 다른 곳으로 돌려버려 화근을 없애야 한다. 남을 험담한다는 건 내가 곧 험담의 대상이 될 수 있다는 사실, 잊지 말자.

(…) 절대 후회하지 않는 대화법

반론을 제기하는 사람에 대한 대응법

□ 다른 의견을 가진 사람의 말을 예상한다.
□ 무언으로 반론하는 사람에게는 질문한다.
□ 반론을 활용한다.
□ 논쟁과 흥분은 피할수록 이득이다.
□ 확고한 신념을 보인다.

말은 행동의 거울이다

말하기는 마치 골프나 운전 혹은 회사를 경영하는 일과 같아 보인다. 많이 해볼수록 실력이 늘어나고 점점 재미를 느낀다. 하지만 그냥 시간만 때운다고 해서 말을 잘할 수 있는 것은 결코 아니다. 끊임없이 새로운 단어나 어휘를 습득하여 자신의 것으로 소화하려는 노력이 필요하다.

아무리 태생적으로 말솜씨가 좋더라도 자신의 재능을 계발하려고 노력하지 않는다면 금방 고리타분한 신세가 된다. 그리고 아무리 불편한 자리에서도 의도적으로 말을 하려는 의지를 가져야 한다.

축구선수라면 드리블이나 슛이 기본이지만 패스나 전술 훈련도 빼놓을 수 없는 기술 중 하나다. 말도 마찬가지다. 화술에 관한 책을 읽거나 강의를 듣는 일 말고도 다른 방법으로 연습을 계속할 수 있다.

그중에 이런 방법도 있다. 실내에서 거울을 앞에 놓고 거울에 비친 자신을 바라보며 큰 소리로 말하는 방법이다. 말하기가 뭐하면 책을 읽어도 좋고, 방송국에서 연기자들에게 주는 드라마 대본이라도 읽는다면 효과 만점이다.

희곡집을 따로 구입해 등장인물에 따라서 목소리와 음색을 달리하며 읽는 것도 좋다. 주변에 아무도 없으므로 창피하게 여길 필요도 없다. 말을 잘하기 위해서는 이렇듯 자신과 끊임없이 대화하면서 실력을 키워나가야 한다.

골프도 연습장에서 수많은 공을 치면서 기본기를 익혀야 필드에 나갈 자격을 얻는다. 말도 스스로를 단련시켜 틀을 잡은 뒤에 당당하게 실력을 뽐내도록 노력해야 한다.

거울을 보며 말하는 방법은 대화의 기술을 숙련시키는 좋은 기술이다. 그런 연습을 하면 대중 앞에서 연설하는 데도 많은 도움이 되지만, 일상의 대화에서도 상대방과 시선을 맞추는 데 능숙해진다.

또 강아지나 고양이, 새 같은 애완동물을 기른다면 그들에게 말을 거는 것도 한 방법이다. 그렇게 하면 상대방의 반응을 걱정하느라 중간에 집중력을 잃는 실수를 예방할 수 있다. 또 중간에 말이 끊길까 봐 걱정할 필요도 없다.

자신의 말투를 바꾸려면 이런 훈련을 시도해보자.

첫째, 자신의 말을 자세히 들어본다.

말을 할 때마다 내 입에서 어떤 단어가 튀어나오는지 신경써서 들어본다. 그러면 실제로 다른 사람과 말할 때 중간에 얼마나 멈추는지, 또 새로 시작하는지, 했던 말을 얼마나 되풀이하는지, 또 얼마나 말 중간에 '에'나 '그러니까' 같은 쓸데없는 말을 하는지 알게 된다. 그 정도만 교정해도 말은 훨씬 매끄러워진다.

둘째, 말하기 전에 그 말을 생각해보라.

무작정 말을 시작했다가 끝을 제대로 맺지 못해 당황하는 일이 누구나 있다. 그런 경우에 이 방법을 사용해본다면 문제를 해결할 수 있다. 물론 말하기 전에 문장 전체를 다 구성하지 않아도 된다. 첫 문장을 말하면서 다음 문장을 머릿속에 그리라는 뜻이다.

'그게 가능한 일일까?' 궁금하다면 실제로 해보면 그다지 어렵지 않음을 느낀다. 인간의 두뇌는 컴퓨터보다 훨씬 확장적이다. 영화를 보면서 시디를 굽는 컴퓨터는 흔하다. 사람도 마찬가지다. 신문을 읽으며 식사를 하는 것이 전혀 어렵지 않다. 그처럼 자신의 우수한 CPU는 생각하고 하드웨어인 입은 말만 하면 된다. 물론 처음에는 좀 어색하겠지만 조금만 연습하면 자연스러워진다.

셋째, 대화 도중 쓸데없는 단어가 등장할 때마다 지적해달라고 해보라.

친구나 동료, 배우자나 아이들, 누구라도 좋다. 그들에게 부탁하여 자신의 나쁜 대화 습관을 지적받아 고쳐나가는 태도를 익혀본다.

실제로 일상 회화에서 '그러니까', '그런데' 등 쓸데없는 접속어를 남발하는 경우가 많다. 또 머리를 긁는다든지 코를 비비는 등 무의식적으로 행하는 불필요한 몸짓도 한두 가지가 아니다.

이 방법에서는 한 번에 한 단어, 표현 하나만을 제거 대상으로 삼는다. 하나를 제거하고 그다음 대상으로 총구를 옮긴다. 이것은 '부정적 보강'이라는 심리학적 방법인데, 며칠만 참고 견디면 말 속의 쓸데없는 군더더기를 말끔하게 지울 수 있다.

보강이론 Reinforcement

보강이론은 행동 과정에서 적절한 환경으로 보강만 해주면 계속 행동하려는 동기가 생겨 그 행동이 지속되고 그렇지 않으면 그 행동은 감소 또는 소멸한다는 이론이다. 그것에 선행된 반응의 강도를 높이고 반응의 재발 확률을 증대시키기 위하여 환경적 사상을 조작하는 일로, 긍정적 보강과 부정적 보강의 형태가 있다.
긍정적 보강이란 바람직하고 열망하는 결과 긍정적 보강인자 를 제공하는 일이며, 부정적 보강이란 바람직하지 않고 회피되는 결과, 곧 부정적 보강인자를 철회하는 일이다.

말이 많으면 쓸 말이 적다

간결하게 말하는 능력을 가졌다면 대화의 고수가 될 수 있다. 말 잘하는 사람의 특기 중 최고다. 특히 그런 능력은 연설에서 대단한 효과를 발휘한다. 훌륭한 연설을 하고 싶다면 불필요한 미사여구를 생략해야 한다. 함축적으로 말함으로써 대화의 간결성을 살려야 한다. 특히 우리가 잘 아는 주제일 때는 더욱 그렇다.

무슨 대화를 나누더라도 내용을 간추려 핵심을 정리해 말해야 한다. 그러면 훨씬 효과를 얻는다. 쓸데없는 표현을 줄이고 핵심 내용을 잘라내야만 대화의 간결함을 느끼게 만든다.

말 잘하는 사람들은 언제 대화의 문을 노크해 열고 들어갔다가 언제 문을 닫고 나와야 하는지를 잘 알고 있다. 링컨도 그런 이들 가운데 한 사람이다.

남북전쟁이 한창이던 1863년 11월 19일, 링컨은 펜실베이니아주 게티즈버그를 방문했다. 전몰자 국립묘지 봉헌식에 참석하여 그 자리에서 링컨은 5분도 채 되지 않는 짧은 시간 동안 역사에 길이 남을 명문장을 만들어냈다.

"국민의 국민에 의한 국민을 위한 정치를 지상에서 소멸하지 않도록 하는 것이 민주주의의 정신입니다!"

이 짧은 말로 전 국민을 감동시켰다. 그런데 이런 링컨의 정제된 연설은 오랜 시간 동안 준비한 결과물이었다.

기자 노아 브룩스의 증언에 따르면, 링컨은 연설문 초안을 작성했지만 쉽사리 완성하지 못했다고 한다. 그렇듯 오랜 고민과 첨삭 끝에 짜임새 있는 내용과 적절한 어휘로 이루어진 감동적인 연설문을 탄생시켰다.

이와 같은 링컨의 뒤를 이은 사람은 존 F. 케네디다. 그는 1961년 1월 20일 새 시대를 열어가는 미국 호의 선장으로 취

임하면서 이렇게 부르짖었다.

"친애하는 국민 여러분, 국가가 여러분을 위하여 무엇을 해줄지 묻지 말고 여러분 각자가 국가를 위하여 무엇을 할 수 있을지 물으십시오."

이때 작가이며 역사가로서 퓰리처상까지 받은 언론인 칼 샌드버그는 케네디의 깔끔하고 간결한 연설을 들으며 이렇게 탄복했다고 한다.

"그래, 바로 저게 링컨식이야."

이 짧은 연설로 링컨은 미합중국이 자랑하고, 미국민이 가장 존경하는 인물로 자리매김하게 되었다. 모든 사상과 모든 정치력을 함축시킨 이 한마디 연설로 링컨은 오늘날까지 미국민의 가슴에 영원한 멘토로 남아 있다.

간결한 말의 세 가지 조건

□ 문장이 짧다.

종이에 쓴다면 1행 반에서 2행 정도 분량으로, 말하기나 듣기에 불편하지 않다. 그런 문장이 연속됨으로써 효과적인 말하기가 된다.

□ 불필요한 수식어가 없다.

말의 리듬을 위해 작은 포인트는 넣어야 할 때도 있지만 수식어가 많아지면 의미 또한 모호해진다.

□ 단어가 풍부하다.

말하고자 하는 것을 쉽게 전달하려면 세련된 단어 선택이 중요하다. 같은 표현이라도 중복된 단어를 쓰지 않는 것이 좋다.

말을 많이 한다는 것과 잘한다는 것은 별개다

대화는 일방통행이 아니라 쌍방향 소통이라는 것쯤 누구나 안다. 그런데도 대화를 일방통행으로 여겨 말을 통해서 자기를 드러내고 표현하려는 사람들이 일반적으로 말이 많다.

말이 많은 사람들은 늘 마음속에 불안함과 두려움을 많이 가지고 있다. 그런 마음은 자신을 행복하게 만들지 못한다. 또 늘 세상 사람들에게 자기 존재를 인정받기를 바라는 심리가 크게 작용하니 대화 상대가 필요하다. 그래서 상대를 만나면 말이 많아진다.

자신의 그런 심리 상태를 모르고 말을 많이 하면서도 쓸데없는 이야기를 늘어놓는다면 그의 주변엔 더 이상 사람들이 몰려들지 않을 것이다.

알베르트 아인슈타인 교수에게 한 학생이 이렇게 물었다.

"교수님같은 위대한 과학자가 될 수 있는 비결이 무엇입니까?"

아인슈타인 교수는 이렇게 대답했다.

"입을 적게 움직이고 머리를 많이 움직이게!"

자기 일에 충실하고 다른 사람의 의견을 들으려 하는 사람은 말을 많이 하지 않는다. 그러나 자기 일에 충실하지 않고 자기 이야기만 하려 드는 사람들의 눈에는 타인들의 흠만 보인다. 그리고 타인들을 향해 독설을 퍼붓는다.

사람이 태어나서 말을 배우는 데는 2년이 걸리나 침묵을 익히려면 60년이 걸린다. 지혜로운 사람은 말하기 전에 반드시 두 번 생각한다.

그러므로 말을 많이 한다고 해서 꼭 말을 잘한다고 볼 수는 없다. 말을 많이 하는 사람은 대화 상대나 청중에게 말의 요점을 제대로 전달하지 못한다. 듣는 이들은 말하는 이의 어떤 명확한 메시지를 듣기 위해 귀를 기울인다. 그런데 말의 의미를 모호하게 만들면서 말을 많이 한다면 그 사람하고는 더 이상 대화를 나누기조차 싫어지고 시간이 아깝다.

결국 말을 많이 하되, 요점을 말해야 하고 말의 의미를 제대로 전달하는 사람이 말을 잘한다고 볼 수 있다. 결국 말을 많이 한다는 것과 말을 잘한다는 것은 별개 문제다. 말을 잘하기 위해서는 말의 홍수 속에 핵심과 요점을 담아내는 명쾌함을 가져야 한다. 그래야 말을 잘한다는 평가를 듣는다.

말을 잘하기 위해서는 그만큼 노력이 필요하다는 것이다. 그 노력은 말을 할 때 어떻게 하면 잘할지 염두에 두는 습관을 가져야 한다는 의미다. 무심코 던지는 말로 자신의 체면이 깎이는 일은 없도록 해야 한다. 현대인의 필수품인 대화술은 그 사람의 인품을 보여주는 가장 단적인 예에 속한다.

말이 많은 사람이 말을 잘하기 위해서는 다음의 방법을 익혀보는 것도 좋다.

첫째, 어떤 이야기든 구체적으로 하라.

가장 핵심적인 주제에 집착하라. 혼자서 광범위한 영역을 커버하려다가는 길을 잃을 위험이 다분하다. 그러므로 한 가지 요점을 강렬하고 솔직하게 강조하라.

둘째, 생각을 순서대로 정리하라.

어떤 사건이 있다면 시간 순서에 따라 과거, 현재, 미래 순으로 하거나 거꾸로 되짚어가도록 하라. 서울을 설명할 경우 동서남북으로 중요한 지표를 정해 설명할 수도 있고, 역사적인 기념물을 열거하면서 설명해도 좋다.

셋째, 요점에 번호를 붙여라.

설명에 번호를 붙이는 것은 당신의 발언에 절도와 신빙성을 더해준다. '첫째는…, 둘째는…' 같은 식으로 말하면 논점을 잃을 염려도 없고 청중도 마음속으로 정리하기에 훨씬 편하다.

넷째, 잘 알려진 예를 들어라.

아프리카 사람들에게 한 번도 본 적이 없는 눈을 예로 들거나, 알래스카 사람들에게 야자 열매를 예로 든다면 결과는 뻔하다.

"오렌지는 귤과 모양이 똑같습니다. 다만 좀 더 크고 달다는 차이가 좀 있을 뿐이지요."

이처럼 금방 이해할 수 있는 예를 드는 것이 청중과 소통하는 데 많은 도움을 준다.

다섯째, 전문적인 용어는 피하라.

과학자나 의사 같은 전문가라면 그 직업과 관계없는 사람들 앞에서 말할 때 단어 선택에 주의해야 한다. 어려운 용어를 사용하면 청중은 당신의 말을 도저히 알아들을 수가 없다.

대화의 끝맺음을 잘하는 법

□ "끝으로 다시 한 번 말씀드리겠습니다."
지금까지 했던 이야기를 정리하는 차원에서 다시 한 번 핵심을 언급하는 것이다.

□ "어떻게 생각하십니까?"
지금까지 자신이 한 이야기를 들은 상대방의 의중을 묻는 방법이다.

□ "~돼야 하지 않겠습니까?"
상대방의 감정에 호소하여 필요성을 강조하는 이야기의 끝맺음이다. 상대에게 다시 한 번 자신이 이야기한 사항의 필요성을 호소함으로써 강하게 인상을 남기고자 하는 끝맺음 법이다.

□ "우리는 아마 잘 해낼 것입니다. 힘내서 한번 해봅시다."
지금까지 했던 말을 강력하게 총괄하고 앞으로의 의도를 강하게 나타내는 끝맺음으로, 강한 열의를 불러일으키도록 하는 끝맺음 법이다.

말이 말을 만든다

가끔 의도하지 않던 말이 툭 튀어나올 때가 있다. 특히 부모자식 간에 이런 경우가 많다.

부모들이 말썽 잦은 자식을 놓고 이렇게 말할 때가 있다.

"내가 어쩌다 저런 놈을 낳았을까?"

"쟤, 내가 낳은 자식 정말 맞아?"

이런 이야기를 들은 아이는 어떤 생각을 할까.

'우리 부모는 날 인정하지 않아.'

'내가 너무 못나서 걱정인가 봐.'

자식 입장에서는 부모가 홧김에 던지는 말 한마디에 마음과 감정에 심한 상처를 받고 만다. 급기야 부모에게 대들며 반항한다.

부모가 정말 자식을 마뜩잖게 생각한 것은 아니다. 순간의 감정에 사로잡혀 실수로 던지는 말 한마디가 때로는 자식의 인생의 멍에를 지우는 비수가 될지도 모를 일이다.

집안 형편이 어려워 용돈 한 번, 학원 한 번 제대로 보내지 못하는 부모에게 자식이 이런 말을 툭 던진다.

"다른 집 부모들은 애들한테 얼마나 지극 정성인데…."

"친구네 엄마는 엄마하고 달라. 해달라는 거, 사달라는 거 다 해준단 말이야."

부모 입장에서는 자식에게 오죽 해주고 싶은 게 얼마나 많겠냐마는 그 심정을 모르는 철부지 자식은 늘 투정이고 불평불만이라면 부모의 심정은 갈가리 찢기고 말겠는가.

H군은 차분하지 않고 덤벙거리며 행동이나 말에 실수를 자주 하는 편이다.

여자 친구에게도 말실수를 자주 하여 툭하면 절교를 선언당한다. 그는 먼저 튀어나오는 말을 수습하느라고 진땀을 빼며 변명을 하게 된다. 여자 친구는 그런 그를 미덥지 않게 여겨 더 이상 만나고 싶지 않으니 헤어지자고 한다.

H군의 또 다른 실수, 그날은 그의 아버지 생일이었다. 그 저녁, 집에 돌아온 그는 풍성하게 차린 저녁 상차림을 보고 한다는 소리가 이랬다.

"어머니, 오늘 할아버지 제사예요?"

한 번 엎질러진 물은 그릇에 담을 수 없고, 한 번 입에서 나온 말 또한 주워 담을 수 없다. 실수의 말을 웃음으로 넘기는 때도 있으나 실수의 치명적인 독이 되어 상대에게 깊은 상처를 줄 수도 있다. 그러므로 말을 할 때는 입에서 그냥 나오는 대로 지껄이면 안 된다. 말은 지껄이는 순간, 그 가치를 잃게 된다.

"새장에서 도망친 새는 붙잡을 수가 있으나, 입에서 나간 말은 붙잡을 수가 없다"고 《탈무드》에서도 말한다.

말하기 전에는 반드시 머릿속에 생각을 정리한 다음, 입으로 나오게 해야 한다. 한 치 혀를 잘못 사용하여 평생 후회하게 되는 일, 그런 일은 없도록 해야 하지 않겠는가. 주워 담기 어려운 말실수로 공연한 화를 불러일으켜야 되겠는가.

상대를 내 편으로 끌어들일 수 있는 설득의 방법

설득의 주도적인 위치에 선다는 것은, 다른 사람에게 자신의 상황과 입장을 확실하게 이해시킬 수 있어야 한다는 것이다.

□ 지금 당장 어떤 설득의 효과를 기대하지는 말아야 한다.
사람을 설득할 때, '지금 당장 무엇인가가 바뀌기를 기대하는 것'은 지나치게 성급한 생각이다. 설득은 지금 당장이 아니라 이후에 그 효력을 발휘할 수도 있다는 것을 기억해야 한다.

□ 웃는 얼굴로 상대를 대한다.
상대가 이미 자신을 호감 있는 태도로 평가하고, 내 말에 귀를 기울인다면 이미 절반의 성공을 거둔 것이다. 미소는 천천히 상대를 공략하는 설득의 열쇠다.

□ 뿌리는 대로 거두는 법이다.
평소에 내가 상대에게 무엇을 어떻게 했고, 앞으로 무엇을 어떻게 할 것인가는 설득에 있어 상당히 중요한 기본이 된다.

□ 양보의 미덕을 공덕으로 바꾸는 방법이다.
받을 것은 다 받고도 상대에게 '저 사람이 양보해주었다'라는 생각을 들게 만드는 것 역시 자신이 바라는 것을 상대로부터 설득해나가는 지혜다.

어떤 문제든 터놓고 말하라

내가 만약 직장의 상사라면 부하 직원을 대할 때는 어떻게 해야 하는가. 여러 방법이 있겠지만, 정석은 있다. 그것은 간단하다.

과거에 내 직장 상사가 나를 대할 때 내심 원했던 그 방식대로 부하 직원을 대하면 된다. 대기업에서는 대부분 팀장이나 부서장이 부하 직원들의 인사고과점수를 준다. 그러므로 내가 그들에게 점수 산정의 기준을 가르쳐주어야 한다. 소규모 회사라도 원칙적인 면에서는 대동소이할 것이다.

상사가 부하 직원들과 원활히 소통하기 위해서는 틈틈이

그들에게 주어진 일의 본질과 과업을 달성하기 위해 보충해야 할 부문 등을 상기시킨다. 그리고 그 안에서 내가 도움을 줄 수 있는 여지를 살펴보고 전반적인 팀워크를 조정해나가야 한다.

부하 직원들과 행하는 정기적인 업무평가 회의를 하는 것은 서로 팀워크를 맞추기 위한 여러 방식 가운데 하나지만, 그럼으로써 항상 일이 매끄럽게 진행되는 것은 아니다. 어떤 때는 포장마차에서 쓰디쓴 소주 한잔을 마시며 말하는 것이 훨씬 효과적일 때도 있다. 그러므로 절차에 얽매이지 말고 틈틈이 그들의 일에 대한 자기 생각을 전하는 것이 좋다.

"위에서 몇 월 며칠까지 이 프로젝트를 완성하라는 지시가 내려왔네. 하지만 내 판단으로는 간단한 일이 아니라 기한을 일주일 연장해놓았으니 열심히들 뛰라고. 필요한 자료는 얼마든지 가져가도 좋아."

그렇게 부하들을 독려하지 않으면 나태에 빠질 우려가 있다. 또 그들의 입장에서 분명치 않은 점이 있다면 거리낌 없이 묻게 하라. 그래야만 그들은 해야 할 일을 정확하게 알고 나아갈 수 있다.

또 잘한 일에는 칭찬을 아끼지 않는 대신 나의 불만도 가감없이 전달해야 한다. 대립을 피한다고 해서 문제가 저절로 사라지거나 해결되지는 않는다. 또 해야 할 말을 미루다가 화가 머리끝까지 치밀어 오른 다음에야 이야기를 꺼내는 것 역시 피한다. 어떤 일이든 흥분하게 되면 정확한 의사전달이 불가능하기 때문이다.

이것은 부하 직원이 아니라 누구와 마주하더라도 지켜야 할 진리다. 그런 점을 외면하면 팀워크는 무너져 주어진 목표를 달성할 수 없다. 부하 직원에게 불만이 있다면 직접 말하라. 그리고 잊어라. 적어도 그들이 새로운 실수로 당신의 신경을 자극하기 전까지는 말이다.

절대 후회하지 않는 대화법

존경받는 직장 상사가 되는 말 한마디

□ 세대 차이를 극복하는 이해심을 가져라.

□ 결과만이 아니라 노력을 인정해주라.

□ 자신감을 심어주어라.

□ 모르는 것은 부하 직원에게 배워라.

□ 트렌드에 발맞추려고 애쓰라.

상대가 '정말 그렇구나'라고 느끼게 만든다

전화 한 통화만으로 상대방의 심리를 꿰뚫고 컨트롤해서 자기 목적을 달성해내는 보이스 피싱의 피해를 누구나 잘 알고 있다. 그런데 그 폐해를 뻔히 알면서도 보이싱 피싱으로 피해를 당하는 사람들이 의외로 많다.

이런 보이스 피싱에 넘어가는 사람들은 이렇게 말하곤 한다. 알지도 못하는 전화 한 통화만 받고 자기도 모르게 어느새 은행 앞에 와 있더라고 말이다. 보이스 피싱의 주범들은 생면부지의 사람들에게 자기 생각을 전달하며 그들을 인형 조종하듯 은행 앞으로 몰고 간다. 그들의 간교한 설득에 어느

새 은행 앞에까지 와서도 사태의 심각성을 모르고 송금 버튼을 누르는 사람들을 얼마든지 볼 수 있다.

보이스 피싱을 당하는 이들이 어리석어서 그런 피해를 당하는 게 아니다. 상대방이 집중적으로 설득하고 공략하니 당해낼 재간이 없는 것이다. 어쩌면 그들 보이스 피싱의 가해 당사자들은 설득의 달인처럼 보인다. 어떤 설득으로든지 피해자를 자신들이 원하는 쪽으로 유도해내니 말이다. 그러나 그건 사기 행각이기에 설득이라고 말할 수 없지만, 설득의 목적이 무엇인가. 바로 남에게 자기 생각이나 뜻을 전달하여 이해시키는 것이다. 그 측면에서 보자면 그렇다는 생각마저 든다.

설득은 남에게 이끌리지 않고 자신의 생각을 남에게 어필하는 것을 말한다. 모든 사람이 자신이 하는 말을 듣고 순순히 따라주면 좋겠지만, 개개인에게는 각자의 생각이 따로 있기 마련이다. 모두 나와 같은 생각을 가질 수 없다. 그러므로 나와 다른 생각을 가진 사람과는 부득이하게 맞서야 하는 경우가 있다. 이때 나와 다른 생각을 가진 상대를 내 편으로 이끌어 들여, 상대가 '정말 그렇구나'라고 느끼게 만드는 능력, 내가 상대에게 이끌리지 않고 주도적으로 내 입장과 생각을 펼칠 수 있는 능력을 갖추면 훨씬 대화를 잘 풀어갈 수 있다.

설득은 윗사람이 아랫사람에게, 아랫사람이 윗사람에게,

또는 동료들 간에 입장과 생각을 주도적으로 이야기하는 것도 있다. 뿐만 아니라 비즈니스 업무, 비즈니스 협상에 반드시 필요한 수단이 된다. 특히 비즈니스 업무는 낯선 사람에게 내가 선전하고 광고하는 제품을 사용하도록 하는 것이므로 매우 현실적이고 직설적인 설득이다.

그렇다면 상대방을 '정말 그렇구나' 하고 느끼게 만들어 움직이려면 어떻게 해야 하나. 가장 원칙적인 것 하나만 들겠다. 설득을 할 때 상대에게 이것은 '옳기 때문에 당신이 따라 주어야 한다'라는 당위성을 인정하도록 하는 것이다. 상대방에게 내가 설득하는 것이 '정말 그렇다'라는 확신을 세워 줄 수 있는 것이 바로 설득의 첫 단추다.

자, 이제 어떻게 설득을 가능케 하나 살펴보자.

- 상대방이 왜 나의 말에 동의하지 않는지 알아야 한다.
- 논리적인 설명으로 왜 하지 않으면 안 되는지 이야기한다.
- 그 일이 왜 꼭 필요한지 간결하고 자신 있게 말해야 한다.
- 상대가 '정말 그렇구나'라고 느끼게 만들어야 한다.
- 이성과 감성의 적절한 줄다리기가 설득의 키워드다.
- 상대를 설득해 내 편으로 만들 수 있다는 확신이 없으면 일은 진행되지 않는다.

상대에게 자신의 생각을 이야기하고 논리적으로 설명한다면, 상대는 '아, 그렇구나!'라고 느낀다. 그것은 상대에게 내 설득에 동조하는 자세를 만들어주는 열쇠다. 자발적인 동참을 이루어내는 열쇠는 바로, 상대가 '정말 그렇구나'라고 느끼도록 만들어주는 상황, 그리고 논리적인 설명이다.

상대를 설득하려면, 이성과 감성의 줄다리기를 잘 해야 한다. 지나치게 이성적으로 설득하면 상대가 강한 거부감을 느끼며, 지나친 감성 또한 그런 반응을 일으킬 수 있다.

때로는 감성적으로 설득하기가 훨씬 유리하며, 때로는 철저한 이성이 상대를 설득하기 유리할 때도 있다. 이성과 감성의 측면을 잘 활용하여 상대방을 설득할 줄 아는 줄다리기가 필요하다.

또한 설득할 수 있다는 확신을 가져야 한다. 자신감은 자신의 의견을 상대에게 어필하는 중요한 수단이다. 자신감 없이 무엇을 실행한다면 실패로 끝날 확률이 높다.

어떤 일을 시작하기 전에, 신념과 자신감으로 가능성을 시험해보겠다는 마음가짐이 중요하다. 자신감을 한껏 표출할 수 있는 방법은 뚜렷한 목소리, 확신 있는 말투, 얼굴 표정, 그리고 시선 등에 있다.

어떤 일이건 자신감은 확신을 낳고, 확신은 신념을 낳는다.

그리고 신념은 성공을 불러온다. 상대를 설득할 때는 이러한 신념과 자신감이 무엇보다 중요하다.

변명이라는 말의 습관을 버려라

모든 사람은 남을 비판하지만 자신만은 비판 대상이 되기를 극구 꺼린다. 따라서 사람들은 잘못된 일이 있으면 다음과 같이 말한다.

"햇빛을 못 보는 것은 구름 때문이야."

"승진을 못하는 것은 사장의 사람 보는 눈이 잘못되었기 때문이야."

"내가 남을 돕지 못하는 것은 다른 나쁜 일이 생겼기 때문이야."

"내가 일을 제대로 처리하지 못한 것은 멍청한 녀석들 탓이야."

이처럼 곤란한 일의 원인을 다른 사람에게 돌리고 만다. 그러나 우리가 무슨 일이 잘못되어 가고 있다면, '내게 잘못된 점은 없는가?' 하고 제일 먼저 자신을 돌아보아야 한다. 어떠한 변명으로도 잘못된 일을 멈추게 할 수는 없다.

2

공감의 대화 비공감의 대화

내가 말하기 전에 상대의 입을 열게 만들고,
먼저 말문을 트이게 해야 한다.
그건 상대를 인정하고 배려해주는
차원에서라도 필요한 대화의 기법이다.
자, 이제부터 누구를 만나든 상대의 이야기에 관심을 가져주고,
상대가 먼저 말문이 트이도록 노력을 기울여보자.
그러면 성공적인 인간관계를 맺을 수 있게 된다.

늘 불평을 말하고, 남에 대한 욕을 입에 올리는
사람이 성공한 예는 없다.
어느 한 가지 일에 성공한 사람을 보면,
그들은 입을 통제할 줄 알았다.
다시 말해, 쓸데없는 말을 입에 올리지 않았다.
묵묵히 자기 자신을 채찍질하면서 나가는 동안에,
비로소 사람은 기회와 성공을 만날 수 있다.

- 탈레랑

말은 한 사람의 입으로 나오지만 천 사람의 귀로 들어간다

말을 잘하는 것이 힘이 되지는 않는다. 말 속에 담겨 있는 당신의 진심이 힘이다. 진실이 담긴 말은 상대의 가슴에 깊이 스며들어 영원히 기억된다. 그래서 말은 한 사람의 입에서 나오지만 그 말은 결국 천 명의 사람의 귀로 들어가는 것이다. 그런 말들에 진심이 담겨 있지 않고서야 어디 한 마디 말이라도 함부로 할 수 있겠는가.

대화는 상대와 서로 소통하기 위한 수단이다. 소통의 수단인 말에는 사랑과 따스함이 묻어 나와야 한다. 그리고 부드러움이 따라야 한다. 그래야 사람들에게 호감을 주고 인정을 받게 된다.

그러나 더 중요한 게 있다. 바로 말의 진실이다. 그것이 말에 생명력을 불어넣는다. 그 생명력을 잃어버리면 더 이상 말이 아니다.

거짓이 아닌 진심이 묻어 나와야 말로써 가치를 가지게 된다. 아무리 남을 잘 설득하고 유창한 화술을 구사하더라도 말의 생명인 그 진실을 외면하는 대화에는 어떠한 감흥도 따르지 않는 법이다. 결국 상대를 실망시키고 끝내는 자신도 진심이 아닌 거짓으로 남을 대한 낭패를 보게 된다.

진실이 담긴 말은 온갖 현란한 찬사 이상의 감동을 준다. 그러나 허울뿐인 말에는 사람의 마음이 다가서지 않는다. 그 말이 아무리 화려해도 사람의 마음을 움직이기 어려운 법이다.

톨스토이가 하루는 자기 집에서 일하던 두 하인이 서로 싸우는 모습을 보았다. 크게 싸우는 소리를 듣고 그들 곁으로 가서 무슨 이유로 그러는지 살펴보았다.

그들은 서로에게 별명을 붙여준 것이 감정을 상하게 해서 말다툼을 하고 있었던 것이다.

한 명은 체격이 홀쭉했고, 다른 한 명은 뚱뚱했다. 홀쭉한 하인이 뚱뚱한 하인에게 이렇게 말했다.

"넌 뚱뚱하니까 곰이라는 별명이 어울려."

그러자 곧 뚱뚱한 하인이 홀쭉한 하인에게 이렇게 말했다.

"넌 말랐으니까 원숭이라는 별명을 붙여줄게."

곰, 원숭이 하면서 서로 티격태격 언쟁을 벌였다. 이 모습을 바라본 톨스토이가 이런 말을 하면서 둘의 불화를 중재했다. 먼저 홀쭉한 하인에게 이렇게 말했다.

"네가 저 친구를 곰이라 불렀지. 넌 저 친구가 곰이어서 곰이라고 부른 게 아니다. 네 마음속에 곰과 같은 마음이 있어서 저 사람을 곰이라 부른 것이다."

그리고 곰이라는 별명을 붙여준 뚱뚱한 하인에게는 이렇게 말했다.

"네가 저 친구를 원숭이라고 했지. 저 친구가 원숭이이어서 원숭이라고 부른 게 아니다. 네 마음속에 원숭이 같은 마음이 있어서 저 사람이 네겐 원숭이처럼 보인 것이다."

믿음과 진실한 마음을 가지면 상대에 대한 인식을 깊게 할 수 있다. 우리가 어떤 마음가짐과 생각으로 사람을 보느냐에 따라서 헐뜯을 수도 있고 그를 격려할 수도 있고, 그를 일깨울 수도 있다.

결국 똑같은 말이라도 사람의 상태에 따라 말의 느낌이 다르게 전달된다. 마음에서 우러나오지 않는 말은 그 어투부터 상대에게 불쾌감을 주게 마련이다. 진심이 담겨 있지 않다면 제아무리 좋은 뜻의 말이라도 받아들이는 입장에서는 축하는 물론 격려해주는 것도 개운치가 못하다.

상대를 존중하는 마음으로 대화의 물꼬를 터야 마음과 마음이 연결되는 법이다. 진실한 말은 오래도록 기억되는 습성이 있어 상대의 마음을 사로잡는다. 무릇 진실이야말로 사람들 간에 틈을 벌이지 않고 돌아다니기 때문이다.

절대 후회하지 않는 대화법

첫 만남에서 적당한 자리

처음 만난 상대와의 거리를 75cm 이상 유지하는 것이 적당하다. 처음 만난 사람과 지나치게 가까운 거리에서 마주 앉아 이야기를 하면 상대는 불쾌감을 느끼거나 당혹감을 느끼기 쉽고 지나치게 멀리 떨어져 앉아 있으면 거리감이 좀처럼 줄어들지 않는다.

보통 여러 사람과 동시에 만날 때는 250~300cm 사이의 거리를 유지하는 것이 좋으며 1:2 정도의 상황에서는 150cm 정도의 거리를 유지하고 이야기하는 것이 가장 좋다고 한다.

처음 본 사람도 오래 만난 사람처럼

살다 보면 낯선 사람들을 만나게 되는 일이 생기게 마련이다. 그럴 때 만남이 부담스럽고 낯설기만 하여 아무 말도 꺼내지 못하고 상대의 눈치만 살핀다면 어떻게 될까.

그렇다면 서로 다른 목적을 가지고 만난 자리에서라도 상대방은 '정말 재미없는 사람이군' 하고 생각할지도 모른다. 그리고 자신 또한 그 자리를 어색해하며 마치 가시방석에 앉은 느낌을 받을 것이다.

처음 만난 자리에서 말은 걸어야겠고, 마땅히 공통 화제가 없어 이야기를 꺼내기가 서먹할 때 가장 꺼내기 쉬운 일상의 화제를 질문으로 던져본다. 그것이 서먹함을 없애는 가장 적절한 방법이다.

두 여인이 처음 만났다. 그런데 어색한 분위기를 깨기 위해선 우선 말문을 열어야 했다. 어떻게 접근하는 것이 좋을까.

"어디 사세요?"

"취미가 뭡니까?"

이런 상투적인 질문을 한다면, 질문을 받는 상대는 별로 대답하고 싶지 않다는 마음이 들어 아마 짜증이 날지도 모를 일이다.

이를테면 두 여인이 만난 장소를 생각해보자. 창문이 보이는 쪽으로 멀리 야산이라도 보인다면 이렇게 말해보자.

"저쪽으로 보이는 산처럼 우리 집 근처에도 작은 산이 있어요. 전 아침에 그곳으로 운동하러 나가는 적이 많아요."

"그러시군요. 우리 집 근처엔 산이 없어요. 주로 고층 아파트 숲이라서…. 공기 좋은 곳에 사시나 봐요."

이런 식으로 처음 만남의 어색함을 줄이려면 부드러운 화제를 끌어내 대화를 풀어나가는 것도 방법이다. 처음 만나는 상대와 좀 더 발전된 대화를 원한다면 이와 같은 자연스러운 질문으로 시작해 상대가 말하는 패턴이나 관심사를 인지하고 자연스럽게 다음 단계의 이야기로 넘어가는 것이 중요하다.

그래서 처음 만난 자리에서 좋은 첫인상을 남기려면 상대가 공감할 수 있는 공통의 화제를 찾아야 한다. 만약 상대가 잘 아는 이야기를 하는데, 그 부분을 잘 모르면 솔직하게 자신이 그 부분에 대하여 무지함을 밝혀야 한다. 어설프게 아는 척하는 것은 전문 지식을 가진 사람을 만났을 경우라면 실없는 사람으로 보이기 쉽다.

또한 아무리 한 분야의 전문가라도 상대가 잘 모르는 부분의 이야기를 계속 언급한다면 상대는 대화의 집중력을 잃어버린다. 자신이 모르는 부분을 언급하는 것에 대하여 처음에는 관심 반, 이야기를 들어주는 마음 반으로 집중할 수 있지만 화제가 갈수록 전문적인 방향으로 흘러가면 쉽게 싫증을 내기 마련이다.

"내 얘기 들으신 적이 있나요?"

"이런 건 어떻게 생각하십니까?"

초면인 사람과 대화할 때에는 이런 질문으로 상대의 의중을 물으며 상대가 공감할 수 있는 방향으로 대화를 이끌어가되, 화제는 공통돼야 한다.

결혼한 여자에게 화제를 건네려고 '언제 아이를 낳으실 건가요?'라는 질문을 해본다고 치자. 만약 출산 계획이 없는 여성이라면 이런 질문은 불편할 수밖에 없다. 편안한 마음으로 상대의 관심사를 알고 공통점을 찾아내려 해야지, 뭔가를 알아내고 폭로하려는 것처럼 보인다면 상대도 입을 다물어버린다.

누구든 처음 만나는 사람과 대화를 시작할 때 막막하지 않은 사람은 없다. 상대가 무엇을 좋아하고 어떤 것에 관심을 가졌는지 모르고 막연히 대화를 시작해야 할 때 과연 어떤 말을 처음 꺼내야 할지 고민하지 않는 사람은 드물다. 그럴 때 가볍고 자연스러운 화제를 제시하고, 부드러운 말로 대화를 리드해나갈 수 있어야 대화의 주도권을 잡을 수 있다.

내가 상대의 말에 호응하는 사람이 될 것인지, 나의 말에 상대가 호응해줄 것인지는 처음, 누가, 어떤 대화를 시작해 상대를 끌어들이느냐에 달렸다.

결국 대화란 가볍고 일상적이며 자연스러운 부분부터 시작된다는 것을 염두에둬야 한다. 말 걸기를 힘들어하는 사람이라면 자연스런 인사와 부드러운 말로 이야기를 시작하는 것을 차츰 습득해나가도록 해보자.

진실한 말의 힘

어느 날 부처님께서 가타라 나무 가시에 발이 찔렸다. 피가 흘러 멎지 않아 온갖 약을 발라도 낫지 않았다. 그래서 여러 제자들이 향산香山에서 약을 캐어 와 발라도 낫지 않았다. 그때 십력가섭이 부처님께 나아가 이렇게 말했다.

"만일 부처님께서 라후라부처님의 아들와 제바달다부처님을 해치려는 자를 대하는 것과 조금도 다름없이 일체 중생을 평등한 마음으로 대하신다면 발의 피가 멎을 것입니다."

그러자 피가 곧 멎고 딱지도 완전히 떨어졌다. 비구들은 찬탄했다.

"온갖 묘한 약을 다 써도 피가 멎지 않더니 가섭의 진실한 말에 피가 곧 멎었다."

부처님께서 말씀하셨다.

"그것은 오늘만이 아니다. 과거에도 그러하였느니라."

죽마고우도 말 한마디에 갈라진다

'내가 나를 모르는데 넌들 나를 알겠느냐.'

내가 누구인지 자신도 모르고 사는데 남인들 나를 알아주겠냐고 반문한다. 우리네 삶이 다 이렇다.

나도 나를 모르는데 하물며 남이 나를 알아준다?

그러나 여기에 삶의 방법이 있다. 내가 먼저 남을 알아주는 것이다. 남의 마음을 먼저 헤아리고 상대의 심정이 되어 그의 아픔, 슬픔, 기쁨을 알아주는 것이다. 그러면 세상에 감정 상해 싸울 일도, 불쾌할 일도 없을 것이다.

상대의 마음을 먼저 헤아려주기 위한 가장 좋은 수단은 역시 대화다. 대화를 할 때는 그 대화가 진행되는 방향이 있고, 그 방향에 따라 상대방이 할 수 있는 이야기는 정해지기 마련이다.

"같이 식사나 하러 가지?"라고 말했을 때 그다음 말이 "좋지, 같이 서점이나 가보세"라는 식의 어이없는 대답이 아닌 이상, 대화의 패턴에 따른 말은 몇 가지로 압축된다.

상대방이 무슨 이야기를 할 것이고, 어떤 생각과 감정을 지녔는지 읽을 줄 알아야 상대의 마음을 헤아릴 수 있다. 사람의 감정이란 슬프면 울고, 즐거우면 웃는 간단한 구조이기 때문에 얼마든지 예측이 가능하다.

"저는 태어날 때부터 장님입니다."

프랑스 미라보 다리 위에서 이런 팻말을 목에 걸고 구걸하는 맹인이 있었다.

그 곁을 지나가던 행인이 그 맹인에게 물었다.

"당신이 이렇게 해서 사람들에게 구걸하는 액수가 하루에 얼마나 됩니까?"

그러자 맹인은 침통한 목소리로 10프랑 정도밖에 되지 않는다고 대답했다. 그 소리를 듣고 행인은 곧바로 맹인의 목에 걸려 있는 팻말을 뒤집어 다른 말을 써놓았다.

그로부터 며칠이 지나, 행인이 그곳에 다시 나타나자, 그는 행인의 손을 붙잡고 감격해하며 물었다.

"선생님께서 다녀가신 이후 요즘은 하루에 50프랑까지 받고 있으니 그 까닭을 모르겠습니다. 하여튼 선생님 덕분입니다. 고맙습니다. 대관절 무슨 글을 써놓으셨기에 이런 놀라운 일이 일어납니까?"

그러자 행인은 미소를 띠며 말했다.

"별거 없습니다. 전 다만 당신의 팻말에 쓰여 있던 글귀인 '저는 때어날 때부터 장님입니다'라는 말 대신에 '봄이 오건만 저는 그것을 볼 수 없답니다'라고 써놓았을 뿐입니다."

프랑스 시인 로제 카이유가 우리가 쓰는 말 한마디에 따라 얼마든지 결과가 달라질 수 있다는 사실을 일깨워주기 위해서 들려준 이야기다.

'태어날 때부터 장님'이란 사실적인 말로는 사람들에게는 공감을 주지 못한다. 사람들의 마음에 동정심을 자극할 '봄이 오건만 그것을 볼 수 없다'는 가슴 뭉클한 정감 어린 단어로 다가갔을 때 결과는 사뭇 달라지는 것이다.

같은 상황에서도 어떻게 표현하고 말하느냐에 따라서 차이 나는 결과를 만드는 것이 그야말로 말 한 마디의 저력이다.

성경 잠언에도 "경우에 합당한 말은 아로새긴 은쟁반에 금 사과니라"라고 했다.

한 연구 조사에 따르면 사람이 위기 상황에서 보이는 행동, 급할 때 보이는 행동, 즐거울 때 보이는 행동은 전체적으로 통계가 가능하다고 한다.

그러므로 상대의 감정을 표면적으로 느껴 그 마음까지 예측하여, 어떻게 대화할지 철저히 준비하면 상대의 마음을 읽어낼 수 있는 기초를 마련할 수 있다.

그래서 상대의 마음을 읽어내는 좋은 대화법은 배려에서 찾아내면 된다. 세상의 모든 사람들은 다 똑같지 않다는 사실을 마음에 담아야 한다. 그런 마음을 먹으면 우선 상대에 대한 배려를 먼저 떠올린다. 내게도 상처가 되는 말, 비수가 되어 꽂히는 말, 들어서 가슴 아픈 말은 상대도 마찬가지로 느끼는 법이다.

내가 상대의 마음을 읽어내 그에게 상처를 주지 않는 말로 대화를 끌어간다면 바로 상대도 나의 마음을 어느 정도 읽어낼 수 있을 것이라고 본다.

'나라면 어떻게 할 것인가?'

이런 의문을 던져, 상대의 입장에서 생각해보고 다음에 할 말을 준비해보는 것은 대화에 매우 큰 도움이 된다.

상대방이 말하고자 하는 것이 무엇인지, 어떤 행동을 보일지 짐작해보는 것, 또한 배려를 기반으로 하는 예상에서 상대의 마음을 어느 정도 읽어낼 돌파구를 찾아보는 것이다. 그러면 그 예상 결과에 맞는 새로운 대응 방안, 곧 마음을 교류하는 원활한 대화의 길이 트인다.

절대 후회하지 않는 대화법

잔소리를 하지 않는다

□ 말이 많으면 허물을 면키 어려우나 그 입술을 제어하는 자는 지혜가 있다.

□ 허물을 덮어주는 자는 사랑을 구하는 자요,
그것을 거듭 말하는 자는 친한 벗을 이간하는 자니라.

□ 사람의 마음에 있는 모략은 깊은 물과 같다.
그럴지라도 명철한 사람은 그것을 길어낸다.

– 성경 〈잠언〉 중에서

말하기 전에
상대의 마음을 들여다보라

상대를 인정하는 것만큼 자기의 확신을 상대에게 보여줄 수 있는 행동은 없다. 그러나 정보 전달이 우선 다르고 정보에 대한 해석이 서로 다른 상대를 제대로 인정한다는 게 쉽지만은 않다.

사람들은 어떠한 정보를 놓고도 상대보다 자신의 결론에 이기심을 반영시키기를 원한다. 그러므로 상대를 인정하려 들지 않는다. 상대를 먼저 인정하면 자신이 패배한 것 같고, 자신의 약점이 드러나는 것 같아, 그 인정조차 함부로 할 수가 없다.

매사 게으르고 공부하기 싫어하는 아들을 둔 아버지가 어느 날, 저녁 식탁에 마주 앉은 아들을 향해 한 마디 불쑥 던졌다.

"넌 만날 컴퓨터 앞에나 앉아 있고 시간 나면 잠이나 자고 언제 공부할래?"

아버지의 말을 들은 아들은 가만있지 않는다.

"제가 뭘요? 전 컴퓨터 많이 안 했어요. 12시 이전에 잠자리에 든 적도 많지 않아요."

"또 변명이냐? 넌 어째 한 번도 자기 잘못을 인정하는 법이 없냐?"

그러자 아들은 이내 저녁식사가 끝나기도 전에 식탁에서 자리를 뜨고 말았다.

보통의 가정에서 많이 볼 수 있는 풍경이다. 컴퓨터 게임에 빠져 있고 공부를 하지 않는 것 같은 자녀들을 보면 부모 입장에서는 우선 화부터 난다. 그래서 앞뒤 생각 안 하고 불쑥 이렇게 말을 던진다.

그러나 아들의 입장을 생각해보자.

공부하는 데 별로 취미도 없고, 매사 적극적이지 못한 자신이지만, 다짜고짜 부모로부터 힐난을 받으면 그것이 설사 사실이라도 심정부터 상하고 만다. 부모자식 간에도 서로를 인정하지 않을 때는 이런 마음의 불상사가 일어나기 쉬운데, 하물며 타인과의 관계에서는 어떨까.

나를 인정해주지 않는 상대와는 누구와도 관계를 맺고 싶지 않고, 대화를 나누기조차 싫은 것은 당연하다. 우리가 상대를 인정해주기 위해선 우선 자신부터 마음을 열어야 한다.

자신의 마음을 닫고서는 상대를 받아들일 수 없고, 상대를 받아들일 여지가 없다. 필요함을 구하는 이는 자신이 먼저 마음을 열고 진심으로 대해야 상대를 움직일 수 있다

또한 상대를 인정하려면 상대를 알아야 한다. 무조건 상대를 인정해서는 안 된다. 무조건적인 인정은 결코 오래가지 않고 나중에 좋은 관계로 지속되지도 않는다. 상대의 강점과 약점을 알아야 무분별한 수용을 막을 수 있다.

공부 안 하는 아들과 식탁에 마주 앉은 아버지가 이렇게 말한다고 해보자.

"요즘 학교생활은 어떠니? 공부하느라 힘들지. 공부도 중요하지만, 식사는 거르지 말고 챙겨라. 건강보다 중요한 게 더 있겠니?"

이런 말을 들은 아들의 기분은 어떨까. 가뜩이나 공부도 안 하고 빈둥빈둥 놀며 컴퓨터에 매달리는 자신을 질책하지 않

고 오히려 다독이며 인정해주는 아버지의 말에 가슴 한쪽에 반성의 기운이 돌지 않을까.

아들의 입장에서는 아마도 이런 말을 아버지에게 꼭 전달하고 싶을 것이다.

"아버지, 걱정 마세요. 제가 잘 할게요."

"아버지가 항상 자랑스럽고 든든해요."

"아버지는 마음이 무척 깊으세요."

"제가 열심히 하는 모습을 보여드릴게요."

절대 후회하지 않는 대화법

상대를 인정하려면 우선 나부터 낮은 자세로

오만과 우쭐한 마음에서는 상대의 장점이 보이지 않는다. 그런 마음을 갖다 보면 남을 인정할 수 없다. '너보다는 내가 더 낫지' 하는 우월한 마음으로 상대를 대하면 그런 마음이 얼굴표정이나 행동으로 나타난다. 그러면 상대는 마음의 문을 열지 않는다.

상대를 인정하겠다는 것은 자신이 부족하므로 상대로부터 배우겠다는 것이다. 나의 부족한 점을 너의 장점에서 배우겠다는 자세가 상대에게 자신을 빛나 보이게 만들 것이다. 그러므로 자기부터 낮은 자세로 임하는 연습을 해보자.

한번 뱉은 말은 오래도록 남는다

'사불급설駟不及舌'이라는 말이 있다. 네 마리 말이 끄는 마차도 혀를 쫓아가지 못한다는 것이다. 한 번 뱉은 말은 주워 담을 수 없다는 뜻이다.

또 말의 화근을 경계한 말로, '구시화지문口是禍之門 설시참신도舌是斬身刀'가 있다. 입은 화를 불러들이는 문이요, 혀는 자기 몸을 베는 칼이라는 뜻으로, 우리의 입과 혀는 모든 화근의 근본이 될 수 있다는 것이다.

결국 말이란 머리에서 생각해낸 의미를 가슴으로 담고 담아 꼭 할 말만 해야 함을 강조하는 것인데, 정치인이 소신발

언을 잘못하여 국민에게 지탄받는 경우도 많이 봐왔고, 공인에 속하는 연예인들이 말 한마디 실수로 이미지에 먹칠을 하여 대중으로부터 외면을 당하는 것을 수없이 보아왔다. 물론 그들뿐 아니라 우리 모두 살아가면서 말 한마디를 잘못 뱉어 인생을 송두리째 무시당하는 경험을 해보지 않았는가.

어떤 스님이 혼자 된 젊은 여인의 집을 자주 드나들자, 이를 본 마을 주민들은 좋지 않은 소문을 퍼뜨리며 스님을 비난했다.

그런데 얼마 후 그 여인이 세상을 떠나자, 그제야 마을 사람들은 스님이 암에 걸린 젊은 여인을 위해 기도하고 돌봐주었다는 사실을 알게 되었다.

그동안 그 일을 가장 앞장서 목소리 높여 비난했던 두 여인이 어느 날 스님을 찾아와 사과하며 용서를 구했다.

그러자 스님은 그들에게 솜뭉치를 건네주었다.

"들판에 나가서 이것들을 바람에 날리고 오시오."

"네, 그렇게 하겠습니다."

그리고 얼마 후 솜뭉치를 날리고 온 여인들에게, 스님은 다시 그 솜뭉치를 주워 오라고 시켰다. 여인들은 바람에 날아가버린 솜뭉치를 어떻게 다시 주워 오느냐고 난감해했다.

그제야 스님은 여인들을 바라보며 말했다.

"용서해주는 것은 문제가 없으나, 당신들이 한번 퍼뜨린 말은 다시 담을 수는 없소."

우리는 말 한마디 실수로 지금까지 일궈온 많은 것들을 한꺼번에 잃은 이들을 흔히 봐왔다. 그들도 물론 말실수를 인정할 테다. 사람들은 어떤 상황에서 꼭 그 말을 하지 않아도 될 때도 기어코 그 말을 함으로써 돌이키지 못할 지경까지 다다른다.

말실수로 그럴 수도 있으려니 할 수도 있겠지만, 의도적으로 그 말을 입 밖에 냄으로써 화근을 자초하는 경우도 많다. 한순간만, 3초만 참으면 될 순간에도 기어코 그 말을 입 밖으로 내뱉음으로써 모든 화근을 뒤집어쓰게 되는 일이 얼마나 많던가.

또한 같은 상황에서 말을 가려내어 골라 쓸 필요도 있다. 예를 한번 보자.

절반쯤 채워진 주스 잔을 놓고 당신은 어떻게 말하는 타입인가.

"주스가 반 잔이나 남았네."

"뭐지. 겨우 주스가 반 잔밖에 남지 않았잖아."

똑같은 상황이나 모습을 보고 말하는 양상에 따라서 사람이 달라 보인다.

위의 대화를 보면 전자는 긍정적인 스타일로 여겨지고, 반면 후자는 부정적인 스타일로 인식된다. 그렇다면 이들 중 누가 사람들에게 더 환영받을 것이라고 여겨지나.

우리는 우울하고 상심에 젖은 사람을 만나면 왠지 함께 우울해지고 슬퍼진다. 반대로 즐겁고 유쾌한 사람을 만나면 저절로 흥겨워지고 함께 즐거워진다. 그러므로 누구라도 후자보다는 전자를 만나는 것이 즐겁고 반갑지 않겠는가.

어떤 특별한 상황이거나 기억에 남을 분위기에서 한번 뱉은 말이 오래도록 지워지지 않는다는 점을 명심할 필요가 있다. 한번 뱉은 말이 약이 될지 독이 될지 아무도 모른다.

우리가 살아가는 삶의 모티프는 긍정의 요소를 많이 담고 있어야 한다. 이익, 즐거움, 쾌락, 여유 같은 긍정적인 면을 추구한다. 결코 손해, 경멸, 고통, 소란 같은 부정적인 생각이나 상황을 바라지 말아야 한다.

친구들 여럿이 저녁을 먹으러 식당엘 갔다. 김치는 식당에서 빠지지 않는 반찬 중 하나다. 그래서 어떤 이들은 김치 맛을 보고 식당을 선택하는 경우도 있다.

그런데 그날따라 식당에서는 오래되어 굉장히 신 김치를 내놓았다. 보통보다 좀 신 것 같은 느낌이 드는 김치를 놓고 한 친구가 이런 말을 뱉었다.

"어휴. 시어! 이렇게 신 김치를 손님한테 내놓다니 이 식당 곧 망하겠군."

별안간 분위기가 싸늘해지고, 일행들은 괜히 왔다는 생각이 들 무렵, 한 친구가 이렇게 말했다.

"야, 김치 잘 익었군. 요구르트가 필요 없겠어."

과연 누가 상대에게 호감을 줄까. 당연히 후자가 아니겠는가. 후자처럼 말하는 사람이 되자.

"말에 앞서 마음 있고, 말에 이어 행동 있다."

이런 격언이 있다. 인간의 말이나 행동은 마음이 그 원천이라는 것을 잊지 말자. 마음이 병들고 썩었다면 어떻게 밝고 싱그러운 언행이 나올 수 있겠는가.

호감이 가는 사람의 기본 자세를 견지하는 것, 긍정적인 자세, 여유로운 미소, 따뜻한 배려가 당신의 이미지를 더욱 아름답게 만들어준다.

절대 후회하지 않는 대화법

자기표현을 잘하는 사람들의 특징

□ 자신이 말하고자 하는 것을 미리 머릿속에 정리해둔다.

□ 중요한 부분은 한 번 더 설명하고 강조하며, 목소리 톤을 조절한다.

□ 대화 사이에 유머나 가벼운 이야기를 넣어 대화의 속도를 조절한다.

□ 적절한 표정과 제스처를 사용해 대화를 이끌어간다.

□ 실제 있었던 사례나 에피소드를 넣어 상대방의 이해를 돕는다.

□ 듣는 사람의 학력, 연령, 관심도를 고려하여 이야기를 풀어나간다.

말도 아름다운 꽃처럼 그 색깔을 지니고 있다

처음 만나는 사람과 대화를 이끌어가게 만들 요소는 바로 인사다.

"안녕하세요."

이 말은 첫 만남에서 자주 쓰이는 흔한 인사말이다. 이 말이 함축하는 의미는 그래서 다양하다. 처음 사람을 만날 때도 대화를 풀어갈 어떤 인사말을 하느냐에 따라서 그 이후의 만남까지 상상해볼 수도 있다. 특히 회사를 다니는 직장인에게 인사는 중요한 수단이 된다.

전자 제품 판매점에 근무하는 지민 씨는 오전에 출근하면서 사무실을 여는 순간 밝은 목소리로 직원들을 향하여 먼저 인사한다.

"즐거운 하루 시작하세요!"

"행복한 아침입니다."

지민 씨의 하루는 웃음이 섞인 인사로 시작된다. 지민 씨가 늘 웃는 얼굴로 사무실로 들어서며 인사할 때면 분위기는 환해진다. 그녀는 하루 일과에 시달려 짜증이 날 만할 때도 고객이나 동료 직원들에게 짜증을 내거나 화난 표정을 짓는 일이 없다. 남자 직원 사이에서는 지민 씨의 미소를 그들끼리 백만 불짜리라고 소곤거린다.

고객들은 그녀의 친절과 서비스에 반해 물건만 쇼핑하고 그냥 가는 법이 별로 없다. 꼭 제품에 대한 설명을 들으려 한다. 그냥 제품들을 비교하기만 하러 왔던 고객들도 그녀의 몸에 배인 서비스를 받고 나면 어느새 구매욕을 느껴 제품을 구입하는 일이 많다. 그런 까닭에 지민 씨는 지점장으로부터 든든한 지지를 받고 있다.

지민 씨처럼 유쾌한 인사로 하루를 시작하면 사무실은 물론 자신도 즐거운 하루의 시작을 열어갈 수가 있다.

인간관계를 잘 이끌어가는 방법에는 여러 가지가 있다. 그 중에서 인사는 효과적인 수단이 된다. 인사하는 방법은 유치원 때부터 배운 것이라 잘 알고 있는 것처럼 느끼겠지만, 의외로 사회생활에서 제일 부족해 보인다.

우리는 지금껏 인사를 잘하고 있다는 착각에 빠져 산다. 지금까지 당신이 알고 있는 인사는 '하고 있는 것'이지 '잘 하는 것'이 아니다. 머리로는 이해하고 있지만 행동이 부족한 것이다.

잘 생각해보자. 오늘 아침 회사에 출근하여 문을 들어서면서 동료 직원이나 상사들에게 적극적으로 먼저 인사를 했는가. 마지못해 형식적으로 인사를 한 것은 아닌지 생각해봐야 한다.

위의 지민 씨처럼, 회사 문을 여는 순간 동료나 상사를 향해 유쾌한 인사를 건넬 때 사무실 분위기는 절로 밝아질 것이다. 부드럽고 유쾌한 인사는 즐거운 하루의 시작을 알리는 신호탄이 된다. 하물며 처음 만나는 사람과도 어색한 분위기를 깨고 대화의 물꼬를 틀 수 있는 수단이 된다.

"즐거운 하루 시작하세요!"

"행복한 아침입니다."

이런 밝고 명랑한 인사로 인간관계의 다리를 놓는 습관을 키워가자. 그것이 돈 들이고 힘겨운 일은 아니잖나. 이젠 모르는 사람, 다가가기 어려운 사람에게도 어색함을 깨는 부드러운 인사로 마주할 수 있는 일을 시도해보자.

절대 후회하지 않는 대화법

정말 소중한 한 마디

한 마디의 말이 들어맞지 않으면 천 마디의 말을 더 해도 소용이 없다. 그러기에 중심이 되는 한 마디를 삼가서 해야 한다. 중심을 찌르지 못하는 말은 차라리 입 밖에 내지 않느니만 못하다.

말 잘하고
징역가지 않는다

언변이 화려하다는 것, 곧 말을 잘 한다는 것은 99%의 노력으로 이루어진다고 본다. 노력 없이 많은 사람들에게 공감을 얻고, 대화를 리드할 수 있는 능력이나 기회가 주어지지는 않는다.

현대인들은 다양한 만남을 이어가고 있다. 그 속에서 만나는 사람들의 관심사 또한 실로 다양하다. 따라서 그러한 사람들과 공통의 화제를 찾아 이야기하기란 쉽지만은 않다.

공동의 취미나 관심사를 가진 사람들과 만나면 말문을 틔우기 쉽다. 그러나 서로 전혀 다른 분야에 종사하거나, 공통

된 관심거리조차 없는 사람들끼리 만나면 과연 어떨까. 서로 한두 마디씩 뜸하게 내뱉고 계속 침묵을 지키는, 그야말로 썰렁한 분위기가 이어질 것이다. 따라서 여러 사람들과 이야기할 수 있는 화제를 많이 지닌 것 또한 말을 잘하는 사람이 갖추어야 하는 필수 조건 중 하나다.

J씨는 어떤 사람과 대화를 하든지 다양한 화제로 이야기를 풀어나간다. 친구, 선배, 직장 동료나 상사 할 것 없이 말하는 상대의 입맛에 맞는 이야기를 조리 있게 잘한다.

"J씨는 모르는 게 없습니다. 스포츠면 스포츠, 사회면 사회, 경제면 경제, 더구나 요즘 젊은 애들 취향까지 다 꿰뚫고 있으니 대단합니다."

주변 사람들이 풍성하고 박학하여 다양한 화제를 제공하는 J씨를 놓고 입을 모아 칭찬을 한다. 그런 그에겐 하나의 비법이 있다.

"저는 그저 아침마다 신문을 몇 개 읽습니다. 그러면 그날의 모습을 전체적으로 파악하게 됩니다. 전 그냥 신문을 읽는 것 이외에는 따로 공부하는 것도 없고, 배운 것도 없습니다."

대화를 할 때 가장 쉽게 언급할 수 있는 화제는 바로 텔레비전 뉴스나 신문에 오르내리는 이야기다. 일상에서 일어나는 각종 사건 사고는 물론 사회 흐름까지 통째로 보여주는 신문과 텔레비전은 J씨에게 다양한 화제를 만드는 창고와 같다.

그 외에 화제를 풍성하게 만들 수 있는 것은 책이다. 빠르게 변화하는 세상의 흐름을 담은 책들은 하루에도 엄청나게 쏟아져 나온다. 이렇게 쏟아져 나오는 책의 정보 속에서 새로운 지식을 접하면 내면의 깊이가 넓어짐은 물론 사람과의 대화에서도 다양하고 폭 넓은 화제를 제공할 수 있다.

또한 가벼운 주변의 이야기나, 자신이 공감하고 생각하는 이야기, 일반적인 사람들이 모두 한 번쯤은 생각해보았음직한 이야기는 모든 사람들을 쉽게 공감하게 만들어 대화를 오가게 한다.

이야기의 화제란 결국 말로 나타낼 만한 일거리들을 뜻한다. 이러한 이야깃거리들은 무엇보다도 가장 쉽게 가정에서, 그리고 직장 내에서, 또는 사회생활을 하면서 알게 되고 자연스럽게 얻은 것들을 활용하는 것이 좋다.

화제란 자신이 어떤 노력을 기울여 자료를 제공하느냐에 따라 그 풍부함이 달라지는 대화의 산물이다. 따라서 좋은 이야깃거리란 많이 수집하려고 노력해야만 더 풍부하게 보유할 수 있다.

말을 먼저 꺼내기 전에 해야 할 일

말을 하기 전에 미리 말할 내용을 정리하여 두고 가볍게 한두 번 그 말을 되풀이함으로써, 가장 부드러운 말의 뉘앙스와 톤을 익힌다면 많은 사람들 앞에서 자신 있게 말할 수 있을 것이다. 또한 가볍게 웃을 수 있는 칭찬을 미리 한두 마디 연습해두었다가, 그대로 실천해보면 그 성과를 당장 확인할 수 있다.

먼저 상대방의 말문을 트이게 하라

두 사람 이상 모인 자리에서 아무런 대화가 오고가지 않는다고 생각해보자. 굳이 그 자리를 지키고 앉아 있을 필요는 없다. 두 사람 이상 모인 만남의 장소에서는 반드시 오고가는 대화가 필요한 법. 필요에 의해서 만났건, 만나고 싶어서 만났건 대화를 나누지 않을 수 없다.

그런데 만남이 이루어진 장소에서 누군가가 먼저 말문을 트지 않으면 어색한 분위기가 계속되며 만남의 의미도 사라지고 만다.

K씨는 소개팅만 하면 자주 퇴짜를 맞는다. 내성적인 성격의 그녀는 상대 남성을 만나면 쉽사리 말문이 열리지 않는다. 그래서 처음 소개팅을 한 날에는 긴 시간 아무 말도 건네지 못했다. 상대 남성은 '뭐 이런 여자가 있나' 하며 만난 지 30분 만에 자리를 떠버렸다. 그 후론 K씨는 몇 번 소개팅 자리에 나갔지만, 한 번도 상대에게 제대로 말을 건네 본 적이 없다.

어느 날, 그녀는 뜻밖의 인물을 만났다.

지금까지 만나 본 남성들은 모두가 자기 얘기만 하다가 밑천이 드러나면 상대 여자가 말해주기를 바랐다. 그런데 그 역할을 K씨는 하지 못한 것이다. 그러다 보니 상대 남성들은 지루함을 견디지 못하고 금방 자리를 떠버리고 말았다.

그런데 이번에 만난 상대는 자기 이야기를 먼저 떠벌리지 않았다. 그리고 자신에 관한 정보 한 가지만을 이야기한 다음, 넌지시 그녀에게 화제를 돌려 간단한 질문으로 그녀가 답하도록 유도해 그녀의 말문을 열게 만드는 노력을 보였다.

가끔 대화 도중에 위트와 유머를 섞어가며 분위기를 자연스럽게 유도하여 그녀가 마음의 긴장을 풀게 만든 다음, 쉽게 답할 수 있는 질문을 던지고 그녀의 입을 열게 했다. 그녀는 지금까지 소개팅에서 이런 남자를 본 적이 없다.

주로 자기 말만 지껄이다 그녀의 반응이 시원찮아 보이면 적당히 자리를 마무리하고 떠나는 남성들만 보았다. 그러다가 세심하게 배려하며 자신의 말문을 트이게 만드는 비범한(?) 재주를 가진 이 남자에게 마음의 문이 열리는 것은 시간 문제였다.

그렇다. 만남에서 어색한 분위기를 깨는 첫걸음은 자연스런 대화가 바탕이 된다. 자기보다 상대에게 먼저 이야기를 풀어갈 기회를 만들어주어야 한다. 사람들은 자기 이야기에 빠지면 시간 가는 줄 모르는 법이다. 대화에도 조절이 필요하다.

내가 말하기 전 상대의 입을 열게 만들고, 먼저 말문을 트이게 해야 한다. 그건 상대를 인정하고 배려해주는 차원에서라도 필요한 대화의 기법이다.

자, 이제부터 누구를 만나든 상대의 이야기에 관심을 갖고, 상대가 먼저 말문을 트이게 하는 노력을 기울여보자. 그러면 성공적인 인간관계를 맺어갈 수 있다.

자신이 말하려는 것을 분명하게 이야기하는 법

상사에게 업무 보고를 하는 부하 직원이라면, 먼저 업무의 진행과정을 간략하게 이야기한 다음 거기에 부연 설명을 붙여주는 것이 바람직하다. 상사는 무엇보다 업무의 성과를 가장 듣고 싶어 할 것이기 때문이다. 자신이 말하고자 하는 것을 분명하게 이야기하기 위해서는 우선, 상대가 가장 듣고 싶어 하는 말부터 해야 한다.

말하는 것은 지식의 영역이고 듣는 것은 지혜의 특권이다

세계적으로 유명한 모직 회사인 '데트머'에서의 일이다. 회사가 창립된 지 얼마 안 되었을 무렵, 데트머의 신용 판매부에서는 회사에 부채를 진 고객에게 부채 청산을 요구하는 독촉장을 보냈다.

부채를 진 적이 없던 고객은 독촉장을 받자 불같이 화가 솟구쳤다. 화가 난 고객은 데트머의 창립자인 줄리언 데트머의 사무실로 찾아갔다.

"이게 뭡니까? 난 이 회사와 거래하여 돈을 지불하지 않은 적이 없어요. 이렇게 잘못된 독촉장을 보내는 데트머사의 신용이 의심스럽군요."

고객은 자신을 빚쟁이로 여긴 회사에 불만을 품고 큰소리를 내며 항의했다. 데트머는 고객의 말을 끝까지 진지하게 들어주었다. 그의 말을 받아 회사의 입장을 변명하거나 책임을 회피하려 들지 않았다. 대신 그는 고객이 흥분한 상태에서 하는 말을 끝까지 들어주었다. 데트머가 진지하게 고객의 말을 다 들어주자, 고객도 화가 조금 누그러드는 듯했다.

이때 데트머는 다음과 같이 말했다.

"제가 선생님의 입장이었더라도 무척 화났을 것입니다. 직접 회사에까지 나와서 알려주셔서 감사합니다. 우리 직원들은 수천 명의 고객을 상대로 일하지만 선생님은 자신의 거래분만을 다루고 있으니, 우리가 실수했을 가능성이 더 큰 것 같습니다. 곧 처리하겠습니다."

그러고 나서 데트머는 고객 서비스 차원에서 보상금을 지불하며, 이렇게 말했다.

"저희 회사가 드리는 얼마 안 되는 금액입니다. 그리고 이번 일은 저희가 잘못한 점이 많으니, 부디 이해해주세요. 제가 잘 처리하겠습니다."

고객은 화가 난 자신의 이야기를 끝까지 들어준 데트머의 공손한 태도에 어느 정도 기분을 누그러뜨리고 집으로 돌아갔다. 그런데 며칠 후 그 고객이 보낸 편지가 데트머 앞으로 왔다. 편지에는 이렇게 적혀 있었다.

"당신이 저에게 공정하게 한 것처럼, 저도 공정하기를 바라는 마음에서 얼마 후 서류를 다시 검토해보았습니다. 검토 결과 제가 잘못 계산했다는 것을 알게 되었습니다. 사과드리며 지난번에 저에게 주신 돈을 돌려드립니다."

그 후 고객은 전보다 훨씬 더 많은 양의 물건을 데트머사에 주문했다.

인디언들은 '돌아가며 말하기'라는 전통적인 행사를 한다고 한다. 모든 주민들이 한자리에 모이면 막대기나 독수리 깃털 같은 물건을 차례로 전달하며, 그 물건을 가진 사람에게 말할 기회를 주는 것이다.

물건을 가진 사람이 말하면 다른 참석자들은 조용히 경청해야 한다. 오직 그의 말에만 귀를 기울이며, 말하는 동안 논평이나 반론은 허용되지 않는다. 발표자의 의견에 공감하면 부드러운 목소리를 내어 공감하는 표시를 할 수 있다.

이야기하는 사람은 먼저 인사부터 시작한다. 자신을 그 자리에 있게 해준 창조주와 부모에게 감사 인사를 하고, 그다음으로 자신의 이야기를 들어주는 친구와 동료들에게 감사하다 말한다.

그런 다음에, 그 동안 자신의 마음속에 쌓아두었던 이야기들을 시작한다. 이런 '돌아가며 말하기' 행사는 각 참석자 사이의 결속력을 높여주며 인내하는 방법과 존중할 줄 아는 마음가짐을 기르도록 도와준다.

인디언들의 '돌아가며 말하기' 행사는 다른 사람들을 이해하는 시간을 갖는 데 의의가 있다. 그들은 상대가 말하는 동안 공감하고 함께 생각하기 위해 노력한다. 바로 그러한 자세 때문에 그들은 강한 유대감을 지니며, 서로 공존할 수 있다.

신이 인간에게 하나의 입과 두 개의 귀를 만들어 주었다. 그것은 남에게 말하는 일보다 남의 말을 듣기에 더 신경 쓰라는 뜻이라고 한다. 제대로 듣지 못하는 사람에게 진지한 이야기를 하는 사람은 없다.

상대에게 호감을 사고 싶다면, 그리고 더 많은 이야기를 하고 싶다면, 먼저 상대의 말을 잘 들어주는 것부터 연습하는 게 어떨까.

절대 후회하지 않는 대화법

남의 말 잘 들어주기

□ 사람이란 자신의 이야기를 들어주고, 함께 생각해주는 사람에게 호감을 느끼는 것이 당연한 심정이다. 자신의 이야기를 진지하게 들어주고, 웃어주고, 또 때로는 함께 고민도 해줄 수 있는 사람에게 호감을 느끼는 것은 사람의 본능이다.

□ 듣기를 잘한다는 것은 말을 잘하는 것보다 훨씬 어렵다. 비록 말을 더듬으며 다른 사람들 앞에서 제대로 말하지 못하는 사람이라도 다른 사람의 이야기를 진지하게 들을 줄 알고, 말하는 동안 함께 공감할 수 있는 사람이라면, 어떤 화려한 말재주를 가진 웅변가보다 낫다고 할 수 있다.

맞장구를 치는 당신 대화의 요리사다

자동차 왕 헨리 포드는 이렇게 말했다.

"성공에 비결이 있다면 그것은 타인의 입장을 이해하고, 자기의 입장과 동시에 타인의 입장에서 사물을 볼 줄 아는 능력이다."

대화도 마찬가지다. 많은 사람들이 다른 사람과 대화를 할 때 남의 말에 제대로 귀를 기울이지 못하는 것이 바로 자신의 의견과 다른 의견에는 귀 기울이는 법을 제대로 배우지 못했기 때문이다.

자신과는 다른 생각, 다른 의견을 가진 사람과 이야기하는 방법을 제대로 모르는 사람들은, 상대가 의견을 말할 때 그 말을 무시하거나 대체로 소홀히 흘려듣는다.

대화할 때 자신과 생각이 비슷하고 관심 분야가 비슷한 사람이면 그 대화는 신이 나고 즐겁다. 그러나 자신과는 생각이 전혀 다르고, 자신이 전혀 모르는 분야의 이야기를 들으면 지루하고 답답하게 느껴진다.

상대방의 말을 이해하지 못하면 대화는 그 첫발을 내딛지 못하는 격이요, 자기 기준 없이 상대의 말을 듣는 것은 대화의 질을 떨어뜨린다. 더구나 상대방의 입장에서 말을 들어주지 않고 나와 다른 의견이면 상대의 말을 부정하게 되어 대화의 진행을 가로막는다.

그러나 대화란 반드시 내가 하고 싶은 이야기만 하는 게 아닌 걸 누구든 다 안다. 상대의 말이 자신의 관심 밖이라고 하더라도 들어주어야 할 때가 있다. 그러므로 이때 상대의 말에 적극적 반응을 보이면 말하는 사람은 신이 나기 마련이다.

상대가 던진 말에 맞장구를 치며 고개를 끄덕이거나, 웃음을 보이기라도 한다면 대화는 더욱 깊게 무르익어간다. 이러한 대화법은 상대에게 호감을 주게 된다.

대화가 어느 정도 무르익으면, 사이사이에 이런 말을 해보자.

"아, 지금까지 이런 뜻으로 말씀을 하신 거죠?"

"그러니까 이렇게 해야겠군요!"

"지금까지 하신 말씀을 들어보니 저도 그렇게 해야겠다고 생각이 들어요."

"맞아요. 저도 그런 마음이 듭니다. 그럼, 그 결정에 따르시기로 한 것인지요?"

이렇게 대화의 상황을 정리해주는 친절함까지 보인다면 그야말로 금상첨화다.

상대에게 내가 당신의 이야기를 주의 깊게 듣고 있다는 확신을 주면 상대는 더욱 힘을 얻기 마련이다. 그렇게 하면서 상대방의 자랑까지 들어주는 사람이 되어야 한다. 사람은 누구나 자랑하기를 좋아하여 남에게 자랑하고 싶은 사연 한두 가지는 가지고 있다.

그러므로 상대가 자기 자랑을 늘어놓을 때는, 그 말에 공감해주자.

"아, 그러세요? 부럽습니다."

"좋으시겠네요."

가볍게 맞장구치며, 상대가 자랑하고자 하는 내용을 살려주는 마음가짐을 가져야 한다. 내 마음이 내키는 대로, 생각하는 대로 행동하면 상대와의 관계는 더 이상 발전하기 어렵다. 상대가 자랑할 때는 역지사지易地思之의 마음으로 상대의 이야기에 공감해주는 법을 익혀라. 대화에서 공감과 맞장구는 상대를 위한 배려 차원에서 중요한 수단이다.

대화를 할 때 어느 한쪽이 일방적으로 말하거나 일방적으로 들어서는 곤란하다. 대화란 두 사람의 말하기와 듣기가 교차하는 상호작용이다. 그런 가운데 설득과 거부, 교섭과 합의 등의 대화 과정이 나타난다.

뉴턴의 '작용과 반작용' 이론처럼 두 에너지가 만나면 반드시 마찰열이 발생한다. 우리의 대화에서 서로 의견을 나누며 생기는 여러 현상들이 바로 그것이다. 그 와중에 번갯불이 튀면서 친밀한 교감이 생겨날 수도 있다.

그런 예는 부부간에는 특히 더하다. 부부는 가장 가까운 사이여서, 남들에게 해주는 모든 과정을 생략해도 별 문제가 없다고 여길 테지만, 부부간이야말로 공감과 맞장구라는 배려의 대화가 많이 요구되는 관계다. 남편이 도둑질하면 아내는 망을 보라는 말이 있다. 부부간의 오랜 애정의 바탕은 무엇보다도 배려가 기반이 된 대화에서 출발하는 것임을 알아두면 좋다.

자신의 뜻을 반드시 명확하게 밝히도록 하라

상대방이 아무리 능수능란한 화술을 구사한다 해도 적절한 순간에 반응하지 않는다면 그것은 경청도 아니고 대화도 아니다. 잔칫집에서 혼자 북 치고 장구 친들 무슨 소용이 있겠는가. 장단에 맞추어 춤을 추는 사람도 있어야 하고 노래를 부르는 사람도 있어야 신명이 나고 잔칫집의 분위기를 살릴 수 있는 법이다.

경쟁이나 성공은 혼자서 되는 것이 아니다. 선도자든 라이벌이든 누군가 같은 길을 달리는 사람이 있어야만 가능하다. 때문에 목적하는 것이 있다면 결코 그 라인에서 벗어나서는 안 된다.

남들을 감동시키려면
우선 자기 자신부터 감동하지 않으면 안 된다.
그렇지 않으면 아무리 뛰어난 작품이라도
생명이 길지 못하다.
- 밀레

3

사람을 구하는 말
사람을 버리는 말

상대가 무엇을 좋아하고 무엇에 관심이 있는지를 모르고
막연히 대화를 시작해야 하는 상황에서
과연 어떤 말을 처음 꺼내야 할지 고민하지 않는 사람은 없다.
그럴 때 좀 더 가볍고 자연스러운 화제를 제시하고,
자연스럽게 대화를 리드해나갈 수 있는 사람에게
대화의 주도권은 주어지게 마련이다.

잠시 밖으로 나갔다 오겠습니다.
시간이 좀 걸릴지도 모르겠습니다!

(로버트 스콧과 함께 남극탐험 중 동상에 걸린 자신의 발 때문에
일행의 속도가 느려진 것을 알고 스스로 눈보라 속으로 사라진 오츠의 마지막 말)

– 로런스 오츠

상대와 눈을 맞추어 공감을 표시한다

닉슨 대통령을 하야시킨 워터게이트 사건 폭로로 유명한 〈워싱턴포스트〉의 언론인 밥 우드워드가 미국의 한 대학 강연에서 이런 말을 했다.

"클린턴 대통령은 대화 상대를 휘어잡는 데 천부적인 재능을 가진 인물이다. 이런저런 스캔들로 그에 대해 부정적인 선입견을 갖고 있던 사람이라도 일단 클린턴을 만나기만 하면 대부분 그의 팬이 돼버린다. 특히 여성들은 백발백중이다. 클린턴은 대화할 때 상대방의 눈을 직시한다. 자기가 말할 때건 상대방 말을 들을 때건 시선은 항상 상대방 눈동자에 고정돼 있다. 심지어 콜라를 마실 때조차도 얼음이 든 유리잔 밑바닥을 통해서 상대의 눈을 직시한다."

화술에 천부적인 재능을 지녔다는 찬사를 받는 클린턴의 무기는 눈으로 유명하다.

그의 강렬한 시선은 상대에게 이런 메시지를 전달하는 듯 보인다.

"내가 지금 당신을 강하게 믿고 있으며, 당신에게 몰두하고 있습니다."

그래서인지 클린턴의 화술은 빛을 발했다. 상대방을 압도하는 눈빛, 그리고 강렬한 끌어들임을 지닌 화술, 이는 어떠한 상황에서도 매우 효과적인 대화의 무기가 된다. 특히, 그의 화술은 외교에서 탁월한 빛을 발했던 것으로 유명하다.

상대방의 시선에 자신의 시선을 맞추는 일. 그것은 바로 성공적인 화술을 위해 꼭 필요한 요소다. 이야기를 시작할 때 또는 끝마칠 때뿐만 아니라 그 중간에도 마찬가지다. 또한 자신이 말을 할 때뿐만 아니라 상대방의 말을 들을 때에도 언제나 시선을 맞추어야 한다. 상대방 쪽으로 상체를 약간 숙이는 방법으로 자신이 주의를 집중하고 있다는 것을 암시하는 방법도 있다.

이 모든 것들은 아무래도 경청이란 열쇠를 강조하는 방법이다. 말하는 사람의 얼굴을 똑바로 바라보면 그의 말에 주의를 기울이기가 훨씬 쉬워진다.

그때그때 상황에 알맞은 보디랭귀지는 자신이 세심하게 경청할 때 자연스럽게 나오는 몸짓이어야 한다. 상대방의 의견에 관심이 있거나 그 사람 개인에 대해서 궁금해지면 그가 말할 때 저절로 고개가 끄덕여지고 의심 날 때 고개를 갸웃거리게 된다.

그런데 대화 도중에 자주 시선을 맞추는 것이 중요하긴 하지만 하염없이 바라보면 당사자는 몹시 불편해진다. 어쩌면 그것을 의심의 눈초리로 오해할 수도 있다. 그러므로 그가 말할 때와 당신이 질문할 때 집중하도록 하는 것이 좋다.

반대로 내가 말을 할 때는 가끔 눈길을 돌려도 상관없다. 그렇지만 허공을 응시해서는 안 된다. 그러면 상대방은 자신이 무시당하는 듯한 인상을 받는다. 뭔가 생각하는 듯, 새로운 의문점을 떠올리는 듯 포즈를 취하며 자신의 시선에 여유를 주어야만 한다.

현재 나의 말하는 습관은 어떠한가. 마음과 몸이 함께 움직이고 시선이 상대방에 대한 호감과 호기심으로 다가서게 해본다.

전화 통화할 때 에티켓

□ '모르겠습니다', '없습니다'라는 부정적인 말들은 직설적으로 말하기보다는 우회적으로 돌려서 한다.

□ 혼동하기 쉬운 말이나 유행어, 비속어, 낯선 외국어 등은 피한다.

□ 숫자, 일시, 장소, 이름 등에 관해서는 특히 주의를 기울이는 것이 필요하다.

□ 전문용어, 틀리기 쉬운 숙어를 사용할 때는 주의한다.

□ 필요 이상의 수식어, 경어를 사용하는 것은 원래 뜻에서 벗어나기 쉽다.

□ 틀린 전화도 예의바르게 받아서 응대한다.

□ 상대방의 실수도 차분하게 대응한다.

먼저 인사한다고 손해 날 것 없다

오가며 몇 번을 봤는데 인사할 겨를도 주지 않고, 한 번도 인사를 한 적이 없는 사람을 만난다고 치자. 그냥 계속 지나친다면 결국 그 상대와는 영원히 관계없는 사람으로 정리되고 만다.

자, 그렇다면 방법을 생각해보자.

오늘부터라도 내가 먼저 인사를 해보는 것이다. 먼저 간단한 눈인사라도 해보면 몇 번을 봐왔지만 한 번도 곁을 주지 않았던 사람이라도 그 눈인사를 그냥 지나칠 리가 없다. 내 쪽에서 먼저 간단한 반응을 보이는데도 모른 척하고 지나치는 사람이라면 더 이상 그런 사람과의 관계는 지속되지 않아도 좋다. 처음부터 모르는 사이가 되는 것이 훨씬 편할지도 모른다.

일본에서는 건물의 엘리베이터에서도 나중에 탄 사람이나 먼저 타고 있던 사람들이 먼저 가벼운 눈인사를 건네고, 복도 건물을 지나쳐 갈 때도 '스미마셍すみませ' '하이はい' 하며 가벼운 목례를 상대에게 건넨다.

인사를 해보면 아무것도 아니란 생각이 들 것이다. 인사를 나누지 않고 지나치면 오히려 스트레스만 쌓이게 마련이다.

"저 사람은 왜 나에게 인사를 하지 않는 거지? 그토록 잘난 사람인가?"

이렇게 말이다.

인사를 먼저 한다고 해서 상대편이 이상하게 생각하지는 않는다. 인사를 하고 나면 기분이 좋아진다. 내가 먼저 인사할 때 상대가 무시한다 해도 인사해서 손해 볼 건 없다. 어쩌면 인사를 하는 것은 그 사람을 위해서가 아니라 나를 위해서다. 인사를 하고 나면 기분이 좋아지는 것 외에 더 좋은 일이 벌어질 가능성도 많다.

"정현우 씨, 오늘 따라 굉장히 멋진데!"

회사 내에서 잘 쓰이는 인사 중 하나다. 그렇지만 그 말이 좋아하는 상사나 동료 입에서 나오지 않고 관계가 좋지 않은 라이벌이나 경쟁사의 직원 입에서 나왔다면 당신은 얼굴을 찌푸릴 것이 틀림없다. 그 뜻은 '당신, 누구에게 잘 보이려고 그렇게 빼입었나?'라든지, '흠, 그래 봤자 오늘 입찰에서는 우리에게 안 될걸'이라는 식으로 해석될 수도 있기 때문이다.

이처럼 말은 상대방과의 호감도에 따라 같은 말이라도 천차만별로 해석되어 느껴진다. 그러므로 나의 의견을 상대방에게 잘 전달하려면 먼저 호감을 사야 한다.

직장에서도 좋아하는 상사나 고객의 말은 다소 무리한 부탁이라도 들어주게 되어 있지만, 거만한 상사나 건방진 고객에게는 한 치의 양보도 하지 않는 것이 인심이다. 그러므로 평소 주변 사람과의 관계를 잘 쌓아두면 좋은 화술을 구사할 전제 조건을 마련하는 일이다.

인간관계를 잘 이끌어가는 방법에는 여러 가지가 있지만 그 첫 번째는 인사에 있다. 인사하는 방법은 유치원 때부터 배운 것이라 잘 아는 것처럼 느끼겠지만, 의외로 사회생활을 하는 직장인들을 잘 살펴보면 인사를 제때에 제대로 할 줄 몰라 첫 이미지에서 부정적 측면을 부각시키는 경우가 많다.

지금까지 내가 해오던 인사는 과연 어떠했는지, 돌아볼 필요가 있다. 알고는 있지만 행동을 잘못 표현할 수 있다. 곰곰이 생각해보라. 오늘 아침 집에서 나올 때 가족들에게 마음에서 우러나오는 진심 어린 인사를 했는가. 또 회사 문을 들어서면서 경비원이나 안내원들, 또 동료 직원이나 상사들에게 적극적으로 먼저 인사를 했는가. 밝은 표정, 명랑한 목소리로 인사를 했는가.

어쩌면 나의 그런 표정은 자신에게 중요한 사람에게만 국한되어 있었을지도 모른다. 그들은 음으로 양으로 나와 얽혀 있는 동료들이고 고객들일지도 모른다. 나의 좋은 인상, 상쾌한 목소리가 자신의 등록상표가 되고 회사의 이미지가 된다.

사랑받는 부하 직원의 언행

□ 겸손한 부하 직원이 사랑받는다.

□ 남을 배려할 줄 아는 사람이 되어야 한다.

□ 상사의 체면과 권위를 살리는 사람이 되어야 한다.

□ 책임감과 성실함을 보여라.

□ 애교 있는 부하 직원이 되자.

그 사람의 의미가 되고 싶거든 이름을 불러준다

사람은 본능적으로 자신의 이름에 애착을 갖고 있다. 그러나 남의 이름은 잘 기억하지 않는다.

바빠서?

관심이 없어서?

기억력이 나빠서?

물론 이 모든 변명들은 일리가 있다. 하지만 그것이 최선은 분명 아니다. 아무튼 분명한 것은 자신의 이름에 애착을 가진 사람보다는 남의 이름을 잘 기억해주는 사람이 성공에 근접하고 있다는 점이다.

중소기업을 운영하는 사업가 M씨. 그의 집에는 가사를 돕는 아주머니 한 분이 있다. 이분의 음식 솜씨가 뛰어나 M씨는 그 아주머니가 직접 요리를 해서 식탁에 올려주면, 환하게 웃으며 말한다.

"정인선 셰프님! 맛있는 식사에 초대해주셔서 감사합니다. 오늘도 정 셰프님의 기막힌 요리 덕분에 즐겁게 하루를 시작합니다."

M씨는 가사도우미 아주머니의 이름에 셰프라는 호칭까지 붙여주며, 식탁에 올라온 메뉴를 칭찬하는 배려를 보여준다. 그래서인지 정인선이란 이름을 가진 가사도우미는 그를 언제나 존경스럽게 챙기며, 요리 하나를 만드는 데도 온 정성을 기울였다.

M씨는 얼핏 지나칠 수 있는 사람에게까지 호칭에 대한 배려를 잊지 않았고, 그로 인해 이름과 함께 직책에 대한 칭송을 받은 가사도우미는 늘 성실한 마음으로 그 집에서 자신의 일을 충실히 수행해나갔다. 무려 10여 년을 일해오고 있다. M씨의 고고한 품격이 가사도우미에게 전달되었던 것이다.

강철왕 앤드루 카네기 역시 어린 시절부터 사람의 마음을 껴안는 데 뛰어났다. 그가 어린 시절 키우던 토끼들에게 친구들의 이름을 붙여주고 먹이 문제를 해결한 에피소드는 많이 알려져 있다.

카네기가 조지 풀맨과 침대차 판매 경쟁이 벌어졌을 때다. 카네기가 당시 사장으로 있던 회사와 조지 풀맨의 회사는 유니언 퍼시픽 철도회사에 침대차를 팔기 위해 경합 중이었다.

두 사람이 뉴욕의 한 호텔에서 마주쳤다. 이때 카네기가 먼저 말을 걸었다.

"안녕하세요, 풀맨 씨. 생각해보니 우리 두 사람은 쓸데없는 경쟁을 하고 있습니다."

"카네기 씨, 그게 무슨 말이죠?"

"저는 우리 두 회사가 경쟁하기보다는 하나로 합병하는 것이 더 많은 이익을 가져다줄 것이라고 확신합니다. 물론 당신이 허락해야만 가능하지요."

풀맨은 카네기의 제안을 심사숙고하여 받아들였다.

"두 회사를 합병하면 회사명을 뭐라고 할 건가요?"

"당연히 풀맨 파레스 차량회사로 해야 하지 않을까요?"

카네기가 당연하다는 듯 말하자 풀맨은 한껏 기뻐했다. 자신의 이름으로 회사명을 지은다면 그야말로 엄청난 명예였기 때문이다. 결국 두 회사의 경합 중에 일어나는 분쟁은 끝났다. 상대의 이름을 불러주고 존중해줄 때 생각지 못한 좋은 기회가 오기도 한다. 누군가의 이름을 기억하고 불러주어라. 그러면 그는 당연히 친구로 맺어질 수 있다.

상대의 이름을 어떻게 불러줄까

옛날에 박 씨 성을 가진 나이 지긋한 백정이 장터에서 푸줏간을 하고 있었다. 어느 날 양반 두 사람이 함께 고기를 사러 왔다.

"어이, 백정! 고기 한 근 다오."
"그러지요."
박 씨는 솜씨 좋게 칼로 고기를 베어 주었다.
그리고 함께 온 양반도 고기를 주문했다.
이 사람은 상대가 비록 천한 백정 신분이긴 하지만 나이든 사람에게 함부로 말을 하기 거북해서 다음과 같이 이야기했다
"박 서방, 여기 고기 한 근 주게나."
"네, 그러지요."
기분 좋게 대답한 박 씨는 선뜻 고기를 잘랐다. 그런데 먼저 고기를 산 양반보다 고기 양이 훨씬 많았다. 이를 본 먼저 산 양반이 화가 나서 소리를 지르며 따져 물었다.
"이놈아, 같은 한 근인데 어찌하여 이 사람 것은 많고 내 것은 적단 말이냐?"
박 씨는 웃지 않고 시치미를 뚝 떼며 이렇게 말했다
"네, 그야 손님 고기는 백정이 자른 것이고, 이분의 고기는 박 서방이 잘랐기 때문입니다."

부드러운 말로 설득하지 못하면 위엄 있는 말로도 설득하지 못한다

살다 보면 낯선 사람들과의 만남이 얼마든지 생겨난다. 그런데 첫 만남이 부담되고 낯설어 아무 말도 않고 묵묵히 상대의 말만 듣거나 눈치만 살핀다면 어떻게 될까. 서로 만나는 목적이 다르더라도 상대방은 '정말 재미없는 사람을 만났군' 이렇게 판단할지도 모른다. 그리고 본인 또한 그런 어색한 자리가 가시방석 같을 것이다.

처음 만난 자리에서 무슨 말이든 해야겠는데, 마땅히 공통의 화제가 없어 서먹할 때 가장 꺼내기 쉬운 말은 사소한 일상의 부분들을 건드리는 것이다.

날씨, 계절, 취미나 기호에 관한 사소한 부분들을 건드리며 이야기를 건네보는 것이다. 그런데 첫 만남에서 대화의 물꼬를 트기 위해서는 일반적이고 상투적인 대화를 건네는 것보다, 똑같은 일상의 문제도 인상 깊게 건드리는 기술이 필요하다.

첫 만남은 첫인상을 좌우하는 가장 큰 기회이기 때문이다.

"즐겨 하는 취미 활동이 있으신가요?"

"여행이나 등산을 자주 가시나요?"

"요즘 너무 덥죠?"

이러한 물음은 가장 자연스럽게 상대의 말문을 트이게 한다. 그러나 듣기에 따라서 상대는 대답하고 싶지 않은 상투적인 질문이라고 여길지도 모른다. 이럴 때 방법을 좀 바꿔보자.

"많은 사람들이 등산을 자주 가는데, 전 그것보다 저희 동네 호수공원을 산책하는 것이 더 좋아요. 주변경관도 좋고 사색하는 시간도 가질 수 있기 때문이죠."

이런 식으로 대화를 풀면서 넌지시 상대의 취미나 기호를 알아보는 것이다. 그리고 상대의 답변을 들으면 그 입장에서 관심 있는 코멘트를 던지는 대화의 기술이 첫 만남에서 깊은 인상을 심어줄 기회가 된다.

곧 처음 만나는 상대와 좀 더 진전된 대화를 원한다면 그 처음은 이런 자연스러운 질문으로 시작해보는 것이다. 그래서 상대가 말하는 패턴이나 상대의 관심사를 인지한 뒤 자연스럽게 다음 단계의 이야기로 넘어가는 것이 중요하다.

이처럼 처음 만난 자리에서 좋은 첫인상을 만들기 위해선 신경 써야 할 부분이 있다.

첫째, 상대가 공감할 수 있는 공통의 화제를 찾아야 한다.

상대가 잘 아는 이야기를 하고 있는데, 그 부분에 대하여 아는 것이 없다면 솔직하게 자신이 그 부분을 잘 모른다고 밝혀야 한다. 차라리 상대에게 그 부분을 설명해달라고 말하는 편이 조금 더 깊은 대화를 할 수 있는 방법이다.

둘째, 대화를 할 때는 상대방의 눈을 보며 이야기한다.

말할 때는 상대방의 눈을 보고 하는 것이 옳다. 상대의 눈을 쳐다볼 때 오랫동안 뚫어지게 바라보면 그것도 오해를 살 여지가 있다. 가끔 다른 쪽으로 시선 처리를 하면서 자연스럽게 상대의 눈을 보고 말한다. 상대의 눈을 보고 상대의 마음에서 우러나는 이야기를 듣는 것이 좋은 첫인상의 기본이다.

셋째, 상대의 일과 취미 등에 대하여 질문한다.

상대에게 관심이 있다는 것을 보여주기 위해서라도 상대의 취미나 하고 있는 일 등에 대해서 이야기하며, 일의 어려운 점 등을 들어주는 것이 좋다.

넷째, 대화를 할 때 얼굴 표정에 주의해야 한다.

처음 만난 자리에서는 얼굴에 가볍게 미소를 짓고 상대를 주시하며 말해나가면 첫인상을 좋게 남길 수 있다. 그러나 진지한 이야기인데도 계속 웃는 얼굴만 보인다면 상대는 진지함을 느끼지 않을 수도 있으니 이야기할 때 표정에 주의해야 한다.

다섯째, 아는 것도 모르는 척 물어본다.

자신이 이미 아는 이야기라도 상대에게 말할 기회를 주는 편이 낫다. 그렇게 해서 시작된 대화에서 약간의 조예를 보여준다면 그 겸손함이 첫인상으로 상대에게 각인될 것이다.

여섯째, 처음 만났을 때와 헤어질 때, 인사는 악수를 청한다.

상대방의 손을 마주 잡는 것은 매우 강한 인상을 준다. 악수할 때 보여주는 가벼운 웃음, 상대의 눈을 마주칠 때마다 보여주는 환한 미소는 상대의 긴장을 풀어주고 호감을 느끼게 한다.

미국 초대 대통령 워싱턴이 현장을 시찰 중이었다. 아홉 명이 재목 하나를 운반하지 못해 크게 고생하고 있었다. 그러나 감독관은 옆에서 보고만 있었다. 워싱턴은 웃옷을 벗고 가서 손수 일을 도와주고는, 감독관에게 물었다.

"왜 당신은 일손을 도와주지 않는지요?"

지금 일을 도와준 사람이 대통령이라고는 생각도 못한 감독관은 이렇게 대답했다.

"나는 감독하는 사람이기 때문이오."

이 말을 듣자 워싱턴 대통령은 명함을 꺼내 그에게 주었다.

"나는 이런 사람인데 이다음에 또 이런 어려운 일이 있거든 불러주시오."

명함을 본 감독관은 깜짝 놀라 어찌할 줄 몰랐다고 한다.

워싱턴은 처음 본 감독관에게 자기 신분을 밝히지 않고 슬그머니 명함을 건네며 상대를 설득시켰다.

"왜 감독관이라고 남들 어려운 일을 하는데 도와주지도 않냐?"며 힐책하지 않고 자신이 몸소 나서 일을 도와주고는 감독관에게 명함을 내밀어 그를 설득했던 것이다.

이처럼 능란하게 상대를 단번에 끌여들어 설득시키거나 말을 건네는 일이 어려운 일이기는 하나, 누구든 처음 대화를 시작할 때는 막막하지 않은 사람은 없다.

상대가 무엇을 좋아하고 무엇에 관심이 있는지를 모르고 막연히 대화를 시작해야 하는 상황에서 과연 어떤 말을 처음 꺼내야 할지 고민하지 않는 사람은 없다. 그럴 때 가볍고 자연스러운 화제를 제시하고, 자연스럽게 대화를 리드해 나갈 수 있는 사람에게 대화의 주도권은 주어진다.

자신이 상대의 말에 호응하는 사람이 될 것인지, 자신의 말에 상대가 호응해줄 것인지는 처음, 누가, 어떤 대화를 시작해 상대를 끌어들이느냐에 달렸다고 했다.

(…) 절대 후회하지 않는 대화법

매러비언 법칙

1964년에 클라크 대학에서 박사학위를 받고 UCLA에서 교수생활을 하면서 본격적으로 커뮤니케이션 연구를 수행한 앨버트 매러비언Albert Mehrabian 교수의 매러비언 법칙이 있다.

사람의 첫인상이 얼마나 중요한가를 대변하는 매러비언 법칙에 의하면, 처음 만난 사람을 판단하는 기준으로, 제일 강렬한 것은 시각으로 당사자의 표정과 태도, 복장, 자세 동작 등이 55퍼센트를 차지한다고 한다. 그다음이 청각으로 목소리의 크기, 강약, 억양, 분명함이 38퍼센트의 판단 근거를 가져다준다. 그리고 정작 그 사람이 말하는 내용이 이론적인가 감상적인가에 따른 호감도는 7퍼센트에 불과하다는 것이다.

말허리를 자르지 말고 끼어들지 말라

여러 명이 이야기를 나누는 자리를 유심히 살펴봐라. 그러면 반드시 이런 사람이 있다. 새치기하듯 꼭 남 말하는 데 끼어들어 분위기를 망치는 사람 말이다.

누군가 자신의 경험을 한창 이야기하는 도중에 느닷없이 끼어들어 "나도 말이야, 그런 경우가 있었는데…" 하며 이야기 흐름을 가로채는 사람이 있는가 하면, 상대가 이야기 도중 다음 이야기가 기억나지 않아 잠시 머뭇거리고 있으면, "아, 그래서 어떻게 됐어? 답답하니 얼른 말해봐" 하며 이야기의 허리를 끊는 사람 등이 있다.

상대가 말을 하는 도중에, 말을 가로채고 상대의 이야기를 재촉한다거나, 상대가 하는 내용이 너무 뻔하다고 생각하여 상대의 이야기에 집중하지 못하는 사람은 다른 사람과 이야기 할 수 있는 자세를 갖추지 못한 사람이다.

상대가 말하는 내용이 비록 뻔한 내용이라도 인내심을 가지고 상대의 이야기를 들어줄 수 있는 사람이 신뢰를 쌓는다. 상대의 이야기가 다소 지루하고 답답하더라도 경청하는 것은 자신의 가치를 높여주는 척도다. 상대에게 신뢰를 쌓고 싶다면, 우선 남의 말을 끝까지 들어주는 사람이 되어야 한다.

더구나 상대가 이야기하는 화제를 다 알고 있더라도, 상대가 말하는 것을 중도에 끊고 "저도 그쪽 방면으로는 좀 알고 있는데요"라며 상대가 이야기하려는 부분을 거론하면 상대는 그 사람과 대화에 흥미를 느끼지 못한다.

반면 상대의 이야기를 들어주다가 대화가 좀 더 진척될 때 조금씩 자신이 아는 내용을 흘린다면, 상대는 그를 매우 겸손하며 박식한 사람으로 느낀다. 아는 것도 모르는 척해주는 것이 상대의 기분을 만족시킬 수 있다. 그것이 상대를 배려하는 기술이다. 또한 자신의 실리 또한 지킬 수 있는 방법이다.

상대의 이야기가 틀리거나 그가 말하는 내용보다 더 많은 것을 내가 알더라도 상대가 말을 끝마칠 때까지 기다린다. 상대가 말을 다 마칠 때까지 기다렸다가 자신의 의견을 이야기 하는 인내 또한 전략이며 지혜다. 그리고 그것은 조금 더 자신의 의견을 조리 있게 표현할 수 있는 방법이다.

느닷없이 남의 이야기를 가로채고 끼어들어 이야기의 흐름을 망치는 당신이라면 하고 싶은 이야기를 참고 1분간 침묵하며 생각을 가다듬는 자세부터 키워야 한다. 가슴으로 떠오른 말을 머리로 정리해서 입 밖으로 나오게 하는 연습부터 하자. 남의 말에 잘 끼어드는 당신, 분명 경박한 사람으로 낙인 찍히기 십상이다.

(…) 절대 후회하지 않는 대화법

말로도 인격이 드러난다

똑같은 내용을 가지고도 어떻게 말하느냐에 따라 그 사람의 인격을 판단할 수 있다. 사람들에게 인정받고 인생에서 성공한 사람들은 품위 있는 말을 사용한다. 그들의 말에는 인격이 투명하게 비쳐 보인다. 반면 생각 없이 아무렇게나 내뱉는 말은 그 사람의 인격뿐 아니라 신뢰도에도 영향을 미친다. 또 시시때때로 유행하는 말을 좇아 흉내 내는 사람을 보면 한편으로는 더없이 경박해 보인다.

누군가와 대화를 나눌 때 그 상황을 리드하고 싶다면 품위 있는 말을 사용하라. '생선을 싼 종이에서는 비린내가 나고 향을 싼 종이에서는 향기로운 냄새가 난다'는 말이 있는 것처럼, 과연 내가 하는 말에서는 어떤 냄새가 날지 한번쯤 돌아보자.

말은 날개를 가지지만 생각하는 곳으로 날아가지 않는다

여러 사람과 이야기를 나눌 때 자신의 이야기를 3분 이상 하지 말라. 한 가지 주제로 혼자서 할 수 있는 최대한 시간을 3분으로 정한다. 이것은 말의 속도에 따라 상관없이 지켜져야 할 시간이다. 3분이 넘으면 방금 한 사람의 이야기가 어떤 주제를 가지고 이야기를 했는지 혼동이 올 수 있다. 곧 이 시간이 넘으면 조금 전 무슨 이야기를 나누었는지 잘 기억하지 못한다.

어떤 말이든지 3분 이내에 축약하지 못할 이야기란 없다. 이처럼 짧은 시간 동안 이야기를 하는 것은 말의 낭비를 막고 말의 연비를 높이는 시간이다.

말과 말의 간격을 충분히 두며 말을 해야 한다. 말을 잘하는 사람들은 말의 간격을 조절하여 호흡하는 것에 능숙하다. 대부분 말에 자신이 없는 사람들은 마치 무엇에 쫓기듯이 말해버리거나 지나치게 느린 말의 속도로 상대방의 집중력을 흐트러뜨린다.

말에 간격을 조절하는 능력이란 발음을 늘려 말의 간격을 유지하는 것이 아니다. 말의 박자, 단어와 단어 사이, 문구와 문구 사이, 단락과 단락 사이의 쉬고 조임을 잘 할 수 있는 능력을 두고 말한다.

말의 완급을 적절히 두는 것은 듣는 사람에게 말하는 사람과 같은 일체감을 느끼게 하고 강력한 집중력을 갖게 한다. 특히, 발표나 연설할 때 충분한 말의 간격은 듣는 사람이 자신의 말에 몰입할 수 있도록 한다.

만약 강사라면 청중의 연령에 따라 조금씩 속도의 변화를 주는 것이 필요하다. 나이가 많은 사람들이나 어린이들에게는 평균 속도보다 느리게 말하는 것이 좋다. 지적 수준이 높은 사람에게는 평균 속도보다 빠르게 이야기하는 것도 무난하다. 그리고 어렵고 복잡한 내용은 느리게, 재미있고 쉬운 내용은 빠르게 이야기하는 것이 말하기의 효과를 높인다.

(…) 절대 후회하지 않는 대화법

다소 어눌하고 촌스러운 말투라도 진실에서 나오는 말이 중요하다

지나치게 완벽한 모습으로 상대나 대중을 압도하고자 하는 것은 과욕이다. 많은 사람들 앞에서 말하기의 두려움은 바로 이 완벽함을 추구하는 것에서부터 시작되기 때문이다. 다소 어눌하고 촌스러운 말투라고 하더라도 내가 지금 진실을 담아 솔직하게 이야기하는 것이 중요하다. 또한 내 이야기를 듣는 사람들을 믿고, 또 말하는 나 자신을 믿는 것이 필요하다.

진정 능력 있는 언어는 진실에서 우러나오는 것임을 잊어서는 안 된다. 표정, 발음, 목소리, 말의 내용 또한 매우 중요하지만 자신이 지금 진실을 이야기하고 있고, 또 많은 사람들이 그 진실에 귀를 기울이고 있다면 내가 다소 완벽하지 못하더라도 내가 이야기하고자 하는 내용이 충분히 전달될 수 있다는 것을 기억해야 할 것이다.

말도 행동이고 행동도 말의 일종이다

사람의 말에는 주술적인 힘이 있다.

'말이 씨가 된다.'

'호랑이도 제 말하면 온다.'

이런 말도 결국은 말에 힘이 들어 있기 때문일 것이다.

이탈리아 나폴리 한 공장에서 위대한 성악가를 꿈꾸는 소년이 있었다. 어려운 생활 중에 겨우 첫 레슨을 받았을 때, 교사는 그에게 이렇게 말했다.

"자네는 성악가로서의 자질이 없네. 자네 목소리는 덧문에서 나는 바람 소리 같다."

교사는 가혹한 평을 내렸고, 그 소년은 큰 좌절에 빠지고 말았다. 이것을 지켜보던 소년의 어머니는 실망하는 아들을 꼭 껴안으며 이렇게 말했다.

"아들아! 너는 할 수 있어. 실망하지 마라. 너는 훌륭한 성악가가 될 충분한 자질이 있어. 엄마는 너의 자질을 성공시키기 위해서라면 어떤 희생도 아끼지 않겠다. 그렇게 널 보살필 거다."

소년은 어머니의 격려를 받으면서 열심히 성악을 공부했다. 이 소년이 바로 세계적인 성악가 '앙리코 카루소'다. 사랑이 담긴 따뜻한 위로 한마디는 누군가의 일생 전체를 바꾸어 놓을 수 있는 힘이 있다.

어머니의 따뜻한 말 한 마디를 앙리코 카루소는 자신을 향한 자양강장제로 받아들였다. 결국 그는 주역 테너가수로서 명성을 떨치고 메트로폴리탄 오페라 극장에 607회나 출연하는 세계적인 성악가 되었다. 어머니의 따뜻한 격려는 그의 뇌신경에 각인되어 자신의 의지대로 성악가의 길을 걷는 데 힘이 되었던 것이다.

말은 하는 대로 된다. 가령 '죽겠다, 안 된다, 어렵다, 기분이 나쁘다'라고 말하면 정말로 우리의 뇌신경은 이를 받아들여 안 되게, 어렵게, 기분이 나쁘도록 만들어준다. 그러나 '신난다, 고맙다, 할 수 있다, 기쁘다'라고 말하면 우리의 뇌신경은 우리가 신나고 고맙고 기쁘게 할 수 있도록 만들어준다.

그래서 말의 힘을 믿는 사람들은 중요한 일을 앞에 두고 이렇게 외쳐야 한다.

"나는 할 수 있다! 나는 할 수 있다!"

그렇게 외치다 보면 자신도 모르는 사이에 그 일을 해치울 수 있다는 자신감이 생기는 법이다.

어떤 사람들은 이렇게 말한다.

"그 일은 도저히 할 수 없어."

그 순간 그 일은 절벽처럼 거대하게 자신의 눈앞으로 다가오게 마련이다. 말의 주술적인 힘은 바로 자기 암시에서 나오는 법이다. 긍정적인 자기암시를 하다 보면 모든 일이 순조롭게 풀리기 마련이다. 긍정적 확신에 찬 말로 자기에게 암시를 넣을 때 그 일이 이루어지는 법이다.

그런데 부정적인 자기비하에 빠질 때 그 일은 절대로 이루어지지 않는다. 그러므로 무슨 일을 시작할 때는 확신에 차고 긍정적인 자기암시로 일을 해결해나가도록 해야 한다. 이때 바로 주술적인 말의 힘을 빌려 '나는 된다' '해낼 수 있다'고 말하면 그것은 가능을 향해 바로 달린다.

주술적인 말의 힘을 빌려 불가능을 가능케 하는 힘을 얻어 보자.

…절대 후회하지 않는 대화법

대화의 끝맺음을 잘한다

이야기의 강약을 조절하는 것에서 중요한 것이 끝맺음이다. 아무리 대화를 잘 진행했더라도 끝맺음이 흐지부지하면 지금까지 힘주어 이야기했던 것의 성과를 얻을 수가 없다. 이야기에서 가장 핵심을 두어, 신중하게 말해야 하는 대목이 바로 끝맺음에 있다고 해도 과언이 아니다.

몸짓으로 표현하는
언어에도 힘이 있다

누군가에게 자신을 기억하기 좋게 만드는 방법은 무얼까? 여러 방법이 있겠지만 강한 인상을 남기는 몸짓이나 말이 필요하다. 그러기 위해서는 무엇보다도 화제를 잘 선택해야 한다. 그런 다음 감정을 자극할 정도의 힘을 발휘하는 인간애를 주제로 해야 많은 사람들의 관심을 끌 수 있다.

하지만 아무리 좋은 화제라도 말하는 사람의 언어 표현 능력이나 감수성이 뒷받침해주지 않으면 안 된다. 그러므로 다른 사람들의 말에도 감동하고 슬픈 영화를 보고 눈물 흘릴 수 있는 정도가 되어야 한다.

이런 언어 표현에는 보디랭귀지도 큰 몫을 한다. 인간은 언어 외에도 수많은 보디랭귀지를 가지고 있다. 표정이나 눈빛, 손놀림, 몸동작 하나하나가 언어를 뒷받침해줌으로써 설득력을 더욱 높여준다.

이런 표현 방식은 세계에서 프랑스 인들이 가장 능수능란하다고 한다. 실제로 문장 자체로서 이해하기 어려울지 몰라도 그들은 뛰어난 몸짓과 표정으로 그 약점을 커버함으로써 프랑스어를 세계에서 아름다운 언어로 만들었다.

말을 온몸으로도 한다. 적재적소에 필요한 보디랭귀지를 적용하여 자신의 말에 설득력을 보탤 수 있다. 실로 인간의 많은 것을 응축하여 표현해내는 수단인 보디랭귀지는 각 나라마다 다를 수가 있다. 같은 손짓, 같은 제스처라도 전혀 다른 뜻을 담고 있어서 보디랭귀지의 정확한 의미를 알아둘 필요도 있다.

우리가 늘 많이 쓰는 고갯짓은 긍정이나 부정 같은 기본적인 의사 표현을 할 때 주로 쓰인다. 일반적으로 고개를 상하로 끄덕이면 '그렇다', 좌우로 흔들면 '아니다'란 표현이다.

그런데 불가리아와 그리스, 스리랑카에서는 고개를 좌우로 저으면 긍정의 표시이고 끄덕이면 부정의 표시라고 한다.

우리는 누군가를 향해 오라고 할 때 손바닥을 아래로 향하고 손을 까딱거리는데, 유럽에서는 가라는 뜻이다. 또한 손바닥을 위로 향하고 검지를 움직여 손짓을 하면 건방지고 무례하다고 보는 게 우리네 상식인데, 미국인들은 그냥 이리 오라는 보디랭귀지일 뿐이다. 승리의 'V' 사인은 손바닥 방향에 따라 욕이 될 수 있어 잘못 쓰면 큰일이다. 그리스에서 손바닥을 바깥쪽으로 한 V자 사인은 욕이다. 반대로 손등을 바깥쪽으로 하면 영국과 프랑스에서는 꺼져버리라는 뜻이니 주의할 표현이다.

영어권에서 긍정의 의미로 사용되는 손가락 OK 사인도 아르헨티나를 제외한 브라질 등 남미에서는 외설적인 뜻의 욕이라서 함부로 사용해서는 안 된다.

우리가 최고라는 의미로 주먹을 쥐고 엄지손가락을 치켜드는 손짓도 호주, 나이지리아, 중동 등에서는 무례한 사인이고, 그리스에서는 입 닥치라는 뜻이고, 러시아에서는 '동성연애자'라는 표시라고 한다.

이처럼 보디랭귀지의 뜻이 달리 해석되는 각 나라의 예를 살펴봤지만, 말보다는 표현을 풍부히 하기 위해서는 보디랭귀지를 잘 활용하는 것도 효과적이다.

화가 났을 때는 허리춤에 주먹을 대고 매우 엄한 표정을 지어 보라. 어쩌면 당신은 그 동안 몹시 화가 났을 때도 웃는 표정을 지어 보여서 상대방이 오판하게 했을지도 모른다. 또 웃을 때는 활달하게 어깻짓을 해본다.

또 손이나 손가락을 자주 사용하는 것도 좋다.

"세 가지를 말씀드리겠습니다."

이렇게 말하면서 손가락 세 개를 자연스럽게 펴서 보여주면 상대방이 좀 더 집중하도록 할 수 있다.

"꼭 해내야 합니다."

이렇게 강조하듯 말하면서 주먹을 불끈 쥐어 보이는 것은 당신의 용기를 알리는 강렬한 포즈가 된다.

말의 내용과 동작, 표정이 일치하면 당신의 말은 한층 생동감 있고 박력이 넘친다. 하지만 아무 자리에서나 보디랭귀지를 남발하면 오히려 피에로처럼 보일 수도 있으니 상황에 맞게 기술을 발휘하는 지혜가 필요하다.

보디랭귀지의 숨어 있는 심리

□ 눈, 코, 턱 등의 얼굴 일부분을 만지는 경우 : 어색함을 감추기 위해서, 혹은 불안이나 심리적인 불편함을 감추기 위한 의사 표시다.

□ 상대를 곁눈질로 쳐다보는 경우 : 대화 내용에 불만이 있거나 의문을 품고 있는 경우다.

□ 상대를 위아래로 훑어보는 경우 : 상대를 불신하거나 경멸하고 있는 상태를 말한다.

□ 눈을 크게 뜨고 상대를 바라보거나 오래도록 주시할 때 : 상대에 관한 강한 흥미나 관심을 느끼고 있는 상태를 뜻한다.

□ 말을 하면서 손으로 입을 가리는 경우 : 상대를 경계하거나 낯설어 하는 마음을 감추기 위한 행위다.

□ 대화 중 코를 만지작거리는 경우: 부탁 따위에 대한 부정적인 의사 표시다.

□ 대화 중 두 손바닥으로 턱을 고일 때 : 누군가에게 위안을 받고 싶어 하는 상태를 뜻한다.

□ 대화 도중 손가락으로 톡톡 소리를 낼 때 : 상대의 말에 동의할 수 없다는 뜻이다.

□ 꼬고 앉은 다리의 위쪽 발을 까딱까딱 흔드는 경우 : 상대에게 긴장을 풀고 편안하게 있다는 뜻이다.

세계 각국의 보디랭귀지

□ 프랑스 인이 대화 중 플루트 부는 시늉을 한다면 얘기가 지루하다는 뜻이다.

□ 인도에서 누군가 다가와 다짜고짜 귀를 움켜쥔다면 그는 자신의 잘못을 사과하는 중이다.

□ 브라질에서는 음식을 잘 먹었다는 의미로 자기 귀를 움켜쥐기도 한다.

□ 대화 중 귀를 만지면 브라질에서는 '이해한다', 스코틀랜드에서는 '불신'을 나타낸다.

□ 티베트에서 자신의 귀를 잡아당기며 혓바닥을 길게 내미는 것은 친근함의 표현이다.

□ 검지와 중지 사이로 엄지손가락을 내미는 손짓은 대개의 나라에서는 저속한 표현이지만, 베네수엘라와 브라질에서는 행운을 기원한다는 뜻이다.

남의 말 다 들으면
목에 칼 벗을 날 없다

말을 탄 장군의 동상이 있었다. 아버지가 아들을 데리고 그 밑을 지나가면서 말했다.

"저 장군의 동상 좀 보렴. 멋있지 않니?"

그러자 아들이 말했다.

"아버지 저 말의 동상 좀 보세요. 뚱뚱한 사람을 태우고도 끄떡없어요."

아버지가 본 것은 장군의 동상이었지만, 아들이 본 것은 말의 동상이었다.

사람들은 모두 자기의 입장에서 생각한다. 사람들이 한 가지 일을 두고 서로 다투는 것은 상대방의 입장이 아니라 자신의 입장에서만 바라보기 때문이다. 자신의 입장이 최고라고 우기다 보면 말을 탄 장군의 동상만 보는 사람에게 말의 동상을 이야기하는 꼴이 되고 만다. 만약 서로가 상대방의 입장에서 생각한다면 싸움은 절반 이상 줄어들 것이다.

그러므로 사람들에겐 서로 다른 시각이 있다는 것을 인정하라. 그래서 상대의 입장을 고려하지 않고 자기 의견만 고집하며 의견이 다를 경우에는 격한 논쟁으로 번지게 하는 일은 가급적 없어야 한다.

대인관계와 외교적인 수완에서 미국 최고의 인물인 벤저민 프랭클린은 혈기 왕성했던 청년 시절에 퀘이커교 신자인 친구로부터 다음과 같은 호된 충고를 받았다고 한다.

"벤, 자네는 자기중심적이고 마음대로야. 의견이 다른 상대를 두고는 당장 뺨을 칠 듯 자세를 취하며 격한 논쟁을 벌이잖아. 그런 모습이 싫어서 자네 의견에 귀 기울이는 사람은 아무도 없어. 친구들에게는 오히려 자네가 곁에 없는 것이 편하단 말일세. 자네는 자기가 뭐든 제일 많이 안다고 생각하지. 그래서 아무도 자네에게는 말을 할 수가 없어. 사실 자네와 얘기를 나누면 불쾌해질 때가 많아서 앞으로 절대 상대하지 않겠다고 모두 벼르고 있네. 그러니까 자네의 지식은 절대로 언제까지나 그 이상 향상되지 않을 거야. 형편없는 지식밖에는 알지 못할 것일세."

친구의 충고를 끝까지 묵묵히 듣던 벤저민 프랭클린은 그제야 자신의 잘못을 깨닫고 사람들에겐 각기 다른 시각이 있을 수 있음을 인정하게 되었다. 친구의 이야기는 그에게 말하는 태도와 자세의 변화를 일깨워주었다. 그래서 그 이후에는 남의 의견을 대놓고 반대하는 일이나, 상대와 생각이 다르다고 자기 의견을 단정적으로 말하는 버릇을 서서히 고쳐나갔다.

아울러 그에겐 플러스되는 행동의 변화가 또 있었다. 상대가 분명히 틀린 것을 말하거나 주장할지라도, 즉시 그것에 반대하지 않고 상대의 잘못을 지적하는 것에도 세심한 주의를 기울였다.

자신의 의견을 단정지어 말하거나 결정적인 의견이라고 내세우지 않은 채 자기 생각대로 말하고 싶은 걸 참기는 어렵겠지만, 그런 습관을 길들여야 다른 사람과 원활한 관계를 맺을 수 있고 스스로 대화법을 고쳐나가는 방법을 찾게 된다.

여러 사람이 모인 장소에서 자신의 주장이나 의견을 제시하려면 상대의 의견을 정확히 인지하여 다소 시간이 걸리더라도, 자신의 생각을 머릿속으로 정리한 다음 밖으로 드러내는 것이 올바른 대화법이다.

옷차림도 대화의 전략

진지하게 토론하는 자리에 편안한 티셔츠와 청바지를 입고 왔다면 진지한 분위기를 흐트러트리고 말 것이다. 마찬가지로 가볍고 웃음이 넘쳐나는 자리에 딱딱한 정장을 입고 참석한다면 그것 또한 그 자리의 분위기를 맞추지 못하는 것이다. 이처럼 옷을 차려 입는 감각 또한 대화를 나누기 위한 조건을 만드는 하나의 전략이다. 옷차림은 단순히 멋을 내는 것에서 그치지 않고 한 개인의 성품과 개성을 알리는 매개체 역할도 한다.

사람들은 흔히 그 사람의 첫인상을 그 사람의 얼굴과 목소리 그리고 그 사람의 차림새를 보고 평가하기 마련이다. 어떠한 옷을 입고, 어떠한 차림을 하느냐에 따라서 그 사람의 이미지가 결정 날 때도 많다. 그러므로 옷차림 또한 말을 하는 전략이 됨을 알아두어야 한다.

목소리에도 생기가 넘치고 낙천적인 느낌이 들도록

앞서 매러비언의 법칙을 설명했다. 이미지 컨설턴트인 앨버트 매러비언은 대인관계에서 중요한 것이 말과 아울러 표정이라고 했다. 그래서 목소리가 큰 역할을 한다고 했다.

실제로 사람을 만날 때 어떻게 대화하는지도 중요하지만, 어떤 표정을 짓고 무슨 음색의 목소리를 내는지도 중요하다. 목소리는 대화를 할 때 기능적인 역할을 담당한다. 그래서 좋은 목소리로 대화를 하라고 하는 것이다. 그런데 좋은 목소리란 미성을 말하거나 성우처럼 아름다운 음색으로 사람과의 커뮤니케이션을 시도하라는 건 아니다. 어떻게 모든 사람의 목소리가 미성이고 성우처럼 매력 있는 목소리가 되겠는가.

중요한 건 머뭇거리고 기어들어갈 듯한 소리가 아니라, 정확한 발음으로 당당하고 활기차고 밝은 목소리를 내라는 거다. 사람들과 첫 만남이 얼굴을 마주한 미팅이 아닌 전화를 통한 목소리로 만나는 것이 먼저일 때가 많다. 그럴 때 목소리가 차지하는 비중은 어떤가.

퉁명스러운 대답을 던지거나 성의 없는 말투로 통화를 한다면 그 사람의 표정이 아무리 좋다 한들, 첫인상에서 이미 낙제점을 받는 것은 당연하다.

남이 들어도 환하고 생동감 넘치며 친절한 목소리야말로 자신을 표현하는 확실한 수단이 된다. 그래서 무심코 던지는 말투의 버릇은 당장이라도 바로잡아야 한다. 듣는 이들은 그 사람이 아무리 현학적이고 전문적인 내용의 말을 한다 해도 더 이상 대화를 이어가는 데 싫증을 낼 것이 분명하다.

말하되, 밝고 환한 목소리로 정확한 발음을 내며, 음성을 잘 관리해야 한다. 목소리는 대화의 가장 훌륭한 역할을 담당하는 기능적인 요소다. 명심하라. 목소리는 늘 밝고 환하게, 그리고 친절한 목소리로 정확한 발음을 내며 상대에게 대화를 건네는 도구로 만들어야 한다.

남의 말을 잘 들어주면 좋은 점

□ 대부분의 사람들은 자신의 이야기를 들어주는 사람을 좋아한다. 특히 나이가 든 사람들일수록 그러한 경향은 높다. 남의 이야기에 진지하게 경청하는 자세를 보인다면 상대방으로부터 신뢰감을 얻고 좋은 인간관계를 형성하는 밑거름이 된다.

□ 듣는 사람은 듣지 않는 사람보다 더 많은 정보를 얻을 수 있는 이점이 있다. 똑같은 수업을 듣더라도 학생들의 성적이 다른 것은 머리가 뛰어나고 나쁘고의 차이가 아니라 경청의 집중력에 따라 차이가 난다.

□ 아무리 이해하지 못할 행동을 한 사람도 그 사람이 살아온 과정이나 생각을 알면 이해력과 친밀감이 높아진다. 듣기는 상대방을 이해하는 데 도움이 된다.

□ 상대방이 무엇을 원하는지 파악해낼 수 있기 때문에 그 사람을 설득할 수 있는 반전의 기회를 얻는다.

4

기분 좋게 하는 대화 유쾌하게 만드는 대화

가톨릭계 수장 김수환 추기경님은 경직된 자리에서건
신앙의 강론 자리에서건 반드시 유머를 조미료로 사용했다.
그래서 그의 위엄과 존경은 유머로 더 큰 빛을 발하고,
얼마든지 사람들 사이로 비집고 들어와
사랑을 전파할 수 있었다고 본다.
유머란, 지금까지 생각하던 고정 관념적인 대답을 피해
충격을 줄 수 있는 반전을 그 묘미로 삼는다.

어떤 대화이건 간에 내내 같은 식으로 지껄이는 사람은
아무리 많은 말을 늘어놓는다 해도 상대편의 마음에
아무런 흥미를 주지 못한다.
곧, 대화에서도 미술 작품처럼
차분하고 조용한 맛이 필요한 것이다.

– 새뮤얼 존슨

웃음은 마음의 치료제이자 몸의 미용제다

유머 감각 있고 재치 있는 사람은 상대를 부드럽게 압도하는 능력이 있다. 딱딱하고 불편한 자리를 자연스럽고 편안하게 만들어주는 유머와 번뜩이는 재치가 상대에게 매우 강한 인상을 갖게 하기 때문이다.

유머와 재치는 리더로서 갖추어야 할 필수 자격증이다. 최고 경영자의 위치에 있건, 부하들을 인솔하는 중급 관리자의 위치에 있건, 말단 직원이건 간에 자신의 의견과 감상을 감각적으로 어필하고 자신의 생각을 마찰 없이 관철시킬 수 있는 노하우가 바로 유머감각과 재치이기 때문이다. 또한 유머는 사람과 사람 사이의 갈등을 무마시키는 약이 된다.

미국의 적십자전시위원회 위원장이었던 데비슨의 이야기다. 1918년 그는 데일 카네기와 함께 런던에 머물다가 파리로 출발하려고 준비 중이었다. 데비슨은 파리의 적십자사에서 일하는 친구들이 좋은 담배가 없어서 곤란하다고 카네기에게 말했다. 데비슨은 현지에서 특별히 훌륭한 일을 했다고 여겨지는 사람을 뽑아 이름을 적어놓은 종이를 보이면서 물었다.

"이 사람들에게 좋은 담배를 한 보루씩 구해주려는데 자네 생각은 어떤가?"

이름을 살펴보던 카네기는 한 사람의 이름이 빠져 있는 것을 발견하고 대답했다.

"이 사람에게도 담배 한 보루를 주어야 되지 않겠나?"

그러자 데비슨은 잠자코 생각에 잠기더니 이렇게 말했다.

"어떻게 내가 그 사람을 잊겠나. 나는 특별히 담배 두 상자를 그에게 줄 생각이었지."

"어째서 그 사람에게만 두 보루를 주려는 건가?"

"그야 카네기 자네도 한 보루를 줄 만하다고 생각했고, 나도 한 보루를 줄 만하니 합해서 두 상자가 아닌가?"

그렇듯 유쾌한 심성과 유머로 세상을 바라보는 사람의 태도를 익혀라. 마음을 열어 곁에 있는 사람을 즐겁게 해주면 열린 가슴으로 세상을 포용할 줄 안다. 어떤 사람이든 만나서 유쾌한 자리를 가졌다면 헤어지기 섭섭한 기분이 들곤 한다. 그것은 분명 떠들썩한 수다가 아니라 미소를 머금게 하는 유쾌함을 느꼈기 때문이다. 그런 사람은 당신이 어떤 부탁이나 청탁을 목적으로 찾아왔다 해도 쉽게 거절하지 못한다.

그런 사람은 분명히 당신의 말에 진지하게 귀를 기울일 것이다. 또한 색다른 의견을 내놓더라도 그는 반드시 거기에서 나름대로 장점을 발견하려 애쓴다. 그런 다음 자신이 발견한 문제점을 친절하게 설명해줄지도 모른다. 어쨌든 그런 사람은 처음부터 부정적인 시각으로 화제의 출발을 삼지도 않는다.

그런데 역으로 누군가가 처음부터 당신의 의견에 트집을 잡고 부정적인 방향으로 대화를 이끌어나가려 한다고 생각해보라. 다시는 그런 사람과 만나고 싶은 기분이 들지 않을 것이다.

이와 마찬가지로 누군가의 의견이 부질없을지라도 그 가운데 취할 만한 것이 있는지 찾아보아야 한다. 그런 다음 가부결정을 내리도록 해야 한다. 그래야 당신은 그로부터 신뢰할 만한 사람으로 대접받는다.

남을 유쾌하게 만들어 성공에 이른 사람은 많다. 반대로 남을 불쾌하게 만드는 사람이 성공한 경우는 드물다. 그래서 남을 유쾌하게 만드는 이는 언제나 사람들의 새로운 의견을 존중하려 든다. 물론 상대가 미처 깨닫지 못한 장점도 발견하려고 애쓴다. 그런 습관 덕분에 많은 사람들이 그를 좋은 사람, 믿을 수 있는 사람으로 따르게 되어 큰 신뢰와 세력을 키워갈 수 있다.

절대 후회하지 않는 대화법

나는 링컨이 아니라 포드일 뿐입니다!

미국 제38대 대통령 제럴드 R. 포드는 유머러스한 사람으로 유명했다. 그는 재치와 유머감이 번뜩이는 리더로, 국민들의 사랑을 받았는데 수많은 일화 중 다음과 같은 이야기가 있다.

포드가 대통령 선거에 출마했을 당시, 언론에서는 포드를 링컨과 비교하며 그 둘의 공통점과 차이점을 분석하기 분주했다. 그러나 이러쿵저러쿵하며 많은 말이 나돌수록 포드 입장에서는 부담스러웠다. 고민 끝에 포드는 연설회장에서 이런 이야기를 했다.

"I'm not Lincoln. I'm only Ford." (나는 링컨이 아니라 포드일 뿐입니다.)

그의 재치 있는 한마디는 사람들의 가슴속에 깊은 인상을 남겼다. 그 덕분에 그는 링컨의 그늘에서 벗어날 수 있었을 뿐만 아니라, 유권자들에게 매우 강렬한 인상을 심어줄 수 있었다.

웃음은 전염되고 웃음은 감염된다. 이 둘은 건강에 좋다

상대의 말 때문에 심리적인 부담감을 느끼고 싶어 하는 이는 없다. 그러므로 대단한 일이 아닌 이상 대화를 하려고 필요 이상의 심각한 분위기를 조성하지 않는 게 좋다. 대화의 주제가 무겁고 침울하다면 말하는 도중에 유머나 위트를 간간이 섞어서 무거운 분위기와 긴장을 풀어주는 것도 좋다.

그러나 '농담 한마디 하겠습니다!'라는 말로 시작하는 재미없고 진부한 화제의 전환 방법은 금물이다. 농담은 농담 같지 않아야만 사람들의 웃음을 유도할 수 있기 때문이다. '지금까지는 농담이었고, 이제 진지한 이야기를 하겠습니다!'라는 식도 구태의연하다. 그런 진부한 표현을 직접적으로 하여 생뚱맞은 분위기를 만들지 말고, 대신 말하는 도중에 유머와 농담을 자연스럽게 섞이도록 하는 게 낫다.

뛰어난 연설가 래리 킹은 이런 유머화술을 연설에서 매우 유용하게 사용했다. 그는 종종 이런 예화를 들려주어 사람들을 웃겼다.

“제1차 세계대전 때 배우이며 코미디언인 윌 로저스는 전쟁을 끝낼 수 있는 좋은 방법이 있다고 큰소리쳤습니다. 그는 독일의 U보트들이 수많은 연합군 함정을 격침시키자 대서양을 펄펄 끓여버리자고 제안했던 거지요. 그래서 독일 잠수함이 뜨거운 나머지 바다 위로 떠오르면 하나하나 박살내버리면 된다고 주장했습니다. 사람들이 실소를 하면서 대서양을 어떻게 끓이냐고 항의하면 그는 이렇게 대답했어요. 그 문제는 과학자들의 몫이지 코미디언인 내가 해결할 문제가 아니라고 말이지요.”

이렇게 말하면 청중에게서 자연스런 웃음이 터져 나왔음은 당연할 것이다. 그러면 그는 잠시 호흡을 가다듬었다가 그 이야기와 자신이 말하고자 하는 주제를 자연스럽게 연결하곤 했다.

래리 킹은 이런 방식을 이용해 연설을 해나가면서 수많은 청중의 호응을 얻었다. 그것은 이야기 자체가 재미있고, 그 이야기를 통해 끌어내려는 논지가 청중 각자의 경험에 와닿았기 때문이다.

절대 후회하지 않는 대화법

상대를 만족시키는 대화법

□ 쉬운 단어를 골라 사용한다.
쉬운 단어를 골라 사용하되, 때로는 비유나 사례를 들어 지루하지 않게 설명하도록 한다.

□ 상대방의 반응을 살피며 이야기한다.
상대방이 내 이야기에 얼마만큼 관심을 보이는지 살펴보고 지루해하는 반응을 보이면 빨리 다음으로 넘어가거나 말의 진행 속도감을 살리도록 한다.

□ 솔직하게 이야기한다.
과대포장이나 거짓말은 언젠가는 밝혀진다. 차라리 처음부터 솔직하게 말하는 것이 좋다.

□ 대화 중 침묵 시 부담감을 갖지 않도록 한다.
침묵에 부담을 느끼지 말고 자연스럽게 행동하도록 하자.

웃음도 학습
웃음 노트를 만들어 기록하라

갈수록 현대사회는 다양해진다. 그 다양한 사회에서 유머와 재치는 삶의 맛을 내는 조미료와 같다. 많은 사람들과 관계를 맺으며 화를 내거나 당황하게 되는 상황에서도 지혜롭게 그 순간을 넘길 줄 아는 재치를 겸비한 사람이야말로 진정 자신의 가치를 높일 줄 아는 사람이다.

유머러스한 사람이 인기 만점인 시대다. 제아무리 똑똑하고 아는 것이 많더라도 사람을 웃게 만드는 유머 감각을 지닌 사람보다 인기는 별로 없다.

10여 년 전 선종한 가톨릭교회의 수장 김수환 추기경은 늘 인자한 미소를 머금고 주위 사람에게 유머를 보여주었고, 그의 온화한 인품은 모든 사람의 존경의 대상이 되었다. 종교지도자로 그가 가장 낮은 자에게 다가가서 전해준 따뜻한 유머로 사람들의 마음에는 훈기가 돌았다.

고답적인 종교지도자가 아니라, 우리 곁에 늘 가까이 있는 인간으로 다가올 수 있었던 힘을 발휘한 것도 그의 사랑이 담긴 유머도 한몫을 했을 것이다.

유머는 사람을 즐겁게 만든다. 만약 답답하고 무거운 분위기를 전환시키고 싶거나 사람들의 시선을 집중시키고 싶다면 가장 효력 있는 방법은 유머를 사용하는 일이다.

어느 성당의 신부님이 강론을 시작하려는데 신자들의 떠드는 소리에 미처 말을 떼기가 어려웠다. 그러자 신부님은 느닷없이 큰소리로 이렇게 외쳤다.

"불이 났어요. 불이!"

신부님의 고함에 놀란 신자들은 말을 멈추고 사방을 둘러보았지만 교회 안에는 연기조차 보이지 않았다. 그러자 신자들은 정신을 가다듬고 신부님에게 물었다.

"어디에 불이 난 겁니까? 연기도 나지 않는데요."

빙그레 미소를 띤 신부님은 이렇게 말했다.

"지옥에서 불이 났단 말입니다. 강론을 하기도 전에 떠드는 사람들이 가는 곳 말입니다."

신부님의 이런 깜짝 유머는 말하고자 내용과 연결되어 효과를 더할 수 있었다. 더구나 신부님은 강론의 분위기를 반전시키고 시선을 집중시켜서 강론의 목적을 더 확실하게 신자들에게 이해시킬 수 있다.

옛말에 '아' 다르고 '어' 다르다는 말이 있다. 재치 있는 말한 마디가 상대방의 핵심을 찔러 상대를 기분 나쁘게 만든다면 그것은 올바르지 못한 것이다. 재치란 상대와 내가 모두 기분 좋게 그 상황을 넘길 수 있도록 말하는 것이기 때문이다.

같은 말이라도 어떻게 하느냐에 따라 그 말뜻이 달라진다. 그렇기 때문에 재치 있는 말을 주고받는 것에도 기술은 필요한 법이다. 잘못해서 어려움을 자초해 웃음거리가 되거나, 다른 이를 화나게 만드는 우스갯소리는 피하는 것이 좋다.

그러므로 늘 분위기와 상황에 맞는 유머를 준비해두는 것이 자기를 계발할 수 있는 준비가 된다. 자신의 의견을 효과적으로 상대에게 전달하는 것도 바로 대화의 능력이다.

상대를 즐겁고 유쾌하게 만드는 리액션

□ 목소리에 생기가 넘치고 낙천적인 느낌이 나도록 한다.

□ 즐겁고 유머러스한 이야기를 많이 한다.

□ 상대가 하는 말을 주의 깊게 듣는다.

□ 특수한 경우를 제외하고 표정은 밝고 유쾌해야 한다.

□ 정열적이며 진실한 말로 상대를 휘어잡는다.

□ 싫다는 생각이 있어도 그 사람을 제외하지 않는다.

□ 부탁하는 식으로 말한다.

□ 상대의 실패에 동참하라.

□ 추상적이거나 알지 못하는 것은 말하지 않는다.

□ 간단명료하고 단순한 말투로 다가서라.

□ 아는 것도 모르는 척 물어본다.

인간은 입이 하나
귀가 둘이 있다

상대방의 얘기에 귀를 기울여서 나쁠 것은 없다. 상대방의 이야기를 경청하는 것은 상대를 높이는 최고의 경의를 나타내는 표시다.

사람들의 이야기를 들어주고 같이 이야기하는 것만으로도 쉽게 좋은 친구를 얻을 수 있다. 게다가 상대에 대한 정보도 폭넓게 얻을 수 있다. 하지만 미련한 사람은 자신의 얘기만을 늘어놓음으로써 자신의 일천한 지식을 드러내고, 상대와 좋은 관계를 맺기 어렵다.

미국의 한 휴양지 마을에 사람들이 모여 마을의 재정난을 타개하기 위해 회의를 했다. 사람들이 제각기 이 의견 저 의견을 내놓았지만 마땅한 의견이 없었다.

이때, 뒷자리에서 한 노신사가 자신의 의견을 말해보겠다며 손을 들었다. 사람들은 그에게 의견을 말할 기회를 주었다.

노신사가 말을 하기 시작했다. 그러나 그가 채 20초도 이야기하기 전에 성급한 누군가가 일어나 노신사의 말을 가로막았다.

"그 의견은 보나마나 뻔한 것 같습니다. 그러니 차라리 제 의견을 들어보는 것이 나을 것이오."

성급하게 말을 가로막은 사람은 노신사가 무안해하는 것 따위는 아랑곳없이 자기 이야기를 늘어놓기 시작했다. 그러자 노신사는 모자를 집어 든 후 조용히 그곳을 빠져나갔다.

별다른 의견통일 없이 헤어진 마을 사람들은 모자를 집어 들고 나간 노신사가 누구인지 곧 알게 되었다. 얼마 전 요트를 가지고 그 마을에 휴양차 들른 노인이었다. 그의 이름은 J. D. 록펠러였다. 사람들은 마을의 재정난을 일거에 타개할 기회를 놓친 것이었다.

비바람이 치는 늦은 밤. 미국 어느 호텔에 노부부가 들어왔다. 그들은 호텔 직원에게 물었다.

"예약을 못 했는데 혹시 빈방 있는지요?"

호텔 방이 모두 예약이 끝난 터라 직원은 노부부의 처지를 생각해 인근의 다른 호텔로 연락을 취했지만 빈방은 어느 곳에도 없었다.

"죄송합니다. 이미 저희 호텔은 룸이 꽉 찼고, 근처 호텔도 마찬가지 사정입니다."

난처해하는 노부부를 보고 안내원은 말했다.

"지금 비가 많이 오고 시간도 이미 새벽 1시가 넘었으니, 괜찮으시다면 누추한 제 방에서 주무시면 어떨지요?"

그래서 노부부는 직원의 방에서 하룻밤을 보냈고, 다음 날 아침 신사가 말했다.

"당신의 배려로 하룻밤을 잘 보냈습니다. 감사합니다. 당신은 미국에서 제일 좋은 호텔 사장이 돼야 할 분 같군요."

그로부터 몇 년 뒤 노신사가 호텔 직원에게 뉴욕행 비행기표와 함께 자신을 찾아오라는 서신을 보내왔다. 직원이 뉴욕에 도착하자 노신사는 웅장한 호텔을 가리키며 직원에게 그 호텔의 경영을 부탁했다.

"이 호텔은 당신이 경영하도록 내가 지은 것입니다."

직원은 바로 미국 최고급 호텔 월도프 아스토리아의 사장 조지볼트다. 조지볼트의 따뜻한 말 한마디는 호텔 주인이 되고도 남을 커다란 바탕이었다.

절대 후회하지 않는 대화법

직장인이 가장 듣기 좋아하는 말

□ "내가 뭐 도와줄 건 없을까?"

□ "나도 잘 모르겠는데, 좀 도와줄래?"

□ "수고했어. 역시 자네가 최고야."

□ "이번 일은 자네 덕분에 잘 끝났어."

□ "괜찮아. 실수할 수도 있어."

□ "오늘 내가 한 잔 살게."

□ "그런 인간적인 면이 있었군."

□ "그래, 자네를 믿네."

□ "패션 감각이 돋보이는데."

□ "조금만 더 참고 고생합시다."

세 살 먹은 아이 말도 귀담아 들으랬다

한 젊은이가 대중 연설과 웅변술을 배우려고 소크라테스를 찾아갔다. 그 젊은이는 위대한 철학자에게 자신을 소개한 뒤 평소 자신이 생각하던 대중 연설에 대해 장황하게 펼쳐놓았다. 소크라테스는 오랫동안 그의 이야기를 묵묵히 들어주었다. 마침내 젊은이의 말이 끝나자 소크라테스는 이렇게 말했다.

"여보게, 젊은이! 자네는 특히 내게 수업료를 두 배는 지불해야만 하네."

그러자 젊은이는 놀라서 물었다.

"어째서 저만 수업료의 두 배를 지불해야 한다는 겁니까?"

그러자 소크라테스는 이렇게 대답했다.

"왜냐하면 말일세, 자네를 훌륭한 사람으로 만들려면 자네에게 두 가지 원리를 가르쳐야 하기 때문이네. 첫째, 귀를 활용하는 방법을 배워야 하네. 그러고 나서 혀를 올바르게 사용하는 법을 배워야 하기 때문이지."

그제야 젊은이는 자신이 너무 오래 말을 했기 때문에 소크라테스의 지혜로운 말을 제대로 듣지 못한 것을 깨달았다.

젊은이는 스승 소크라테스의 가르침을 듣는 것 자체가 크나큰 이득이 되었음에도 자기 이야기만 스승에게 장황하게 늘어놓는 어리석음을 보였다.

무릇 대화의 커뮤니케이션에서 상대의 말을 듣는 것은 상대의 마음을 읽을 수 있는 것과 통한다. 관심을 갖고 상대방의 말을 잘 듣는 것이야말로 상대의 생각과 마음을 읽어낼 수 있는 가장 확실한 방법이기 때문이다.

잘 들음으로써 상대방의 감정과 태도, 현재의 상황 등을 전달받게 되고, 그럼으로써 함께 공감하며 이해하고자 노력할 때 대화의 첫 발을 내딛는 시작이 될 것이다. 상대방을 더 깊게 이해하고 싶다면 상대가 이야기할 수 있는 기회, 이야기할 수 있는 자리를 만들어주는 것이 중요하다.

그러기 위해서는 어떻게 하면 될까?

첫째, 이야기 주제에 따라 장소를 제대로 선택해야 한다.

당신이 어떤 사람에게 관심을 가져 그를 이해하려 한다면 그 사람의 이야기를 먼저 들어주는 것이 우선이다. 그러한 때 그 사람과 어떤 이야기를 하느냐에 따라 그 사람의 이야기를 들어주는 장소 또한 달라야 하는 것은 당연하다.

대화의 장소는 상대의 성격에 따라 매우 중요한 결과를 낳는다. 상대가 비교적 진지하고 차분한 성격의 사람이라면 대화의 장소 역시 진지하고 차분한 분위기의 장소가 알맞고, 상대가 활달하고 활동적인 사람이라면 대화의 장소 역시 활동적인 곳이 좋다.

둘째, 분위기에 맞는 이야기를 해야 한다.

상대에게 좋지 않은 일이 생겼을 때, 진지하고 다소 무거운 분위기의 이야기를 하고자 한다면 어쩌면 상대에게는 부담스러운 일이 될 것이다. 반대로 아주 신이 나 있는 상대에게 무겁고 진지한 분위기의 대화를 원한다면, 들뜬 상대에게서 원하는 말을 제대로 얻어낼 수 없다. 대화를 할 때의 타이밍 역시 상대의 말을 좌우할 수 있음을 명심해야 한다.

셋째, 듣기 위한 분위기를 만들고, 질문을 한다.

무작정 상대의 말을 듣기 위한 분위기를 만들었다고 해서, 상대가 이야기를 시작할 수 있지는 않다. 말이란 적당한 화제가 주어져야 그 말에 맞추어 자연스럽게 시작될 수 있기 때문에 우선 상대방이 내가 만든 무대 위로 올라갈 수 있도록 자연스럽게 이끌어주는 것이 중요하다. 이렇게 상대를 이해하고, 상대의 생각을 공감하며, 상대의 입장을 알아나가는 것이 바로 듣기의 효력이다.

절대 후회하지 않는 대화법

성공하는 사람의 말/실패하는 사람의 말

□ 성공하는 사람들이 즐겨 쓰는 말

"모두 다 그래도 ……."
"나 하나만큼은 ……."
"다른 사람들이 그렇게 해도 나로서는 ……."

□ 실패하는 사람들이 즐겨 쓰는 말

"다 그런데 뭐 ……."
"나 하나쯤이야 ……."
"다른 사람이 하는 대로 ……."

말이 고마우면
비지 사러 갔다 두부 사온다

아무리 편한 자리라도 친구나 가족 등 절친한 관계가 아니라면 직접적인 표현보다는 두루뭉술한 표현으로 상대방을 탐색하는 것이 보통이다.

예를 들어 상대방에게 '커피 드시겠어요?'라고 물었을 때 약간 망설이다가 '그렇게 하지요'란 대답을 들었다면 어떻게 할 것인가. 그는 당신이 커피란 단어를 꺼냈으므로 그 말에 거스르는 대답은 곧 결례라고 생각했을지도 모른다. 조금만 더 꼼꼼하게 물어보는 것은 어떨까?

"저는 커피 애호가라서 즐기지만, 다른 좋은 차도 많이 있어요. 혹시 즐겨 드시는 차가 있으신가요?"

이런 방식으로 배려해 준다면 상대방도 경계심을 풀고 이렇게 대답하지 않을까?

"네. 사실 전 혈압이 높아서 커피를 삼가고 있어요. 요즘에는 허브차가 참 좋더군요."

대화란 서로를 배려하면서 상승작용을 일으켜야만 좋은 결과를 도출해낸다. 잘 듣고 잘 말한다는 것은 상대방을 존중함으로써 자연스럽게 배게 되는 좋은 습관이다.

훌륭한 화술이란 듣기가 우선임을 잊지 말아야 한다. 처음 만난 상대에게 자신의 일방적인 견해만을 말해보라. 과연 어떤 결과를 줄까.

'흥, 저 사람은 내 입장은 전혀 생각해주지 않는군'이란 느낌을 주고 만다.

사람들이 다른 사람과 대화할 때 상대의 말에 제대로 귀를 기울이지 못한다. 그것은 자신의 의견과 다른 의견에 귀 기울이는 법을 제대로 배우지 못했기 때문이다. 하지만 상대방이 호감을 느낄 수 있도록 만들어야 한다. 가령 그의 취미나 관심사, 당면과제 등에 귀를 기울여주면 상대는 당신을 매우 훌륭한 대화 상대로 여긴다. 그리하여 자연스럽게 당신의 생각과 계획에 관심을 기울인다.

대화할 때는 보통 한 번 말하고 두 번 듣고 세 번 맞장구치라고 한다. 우리가 평소 알고 있는 정보의 대부분은 보고 듣고 읽는 것으로부터 얻어진다. 그 가운데서도 듣는 것은 가장 손쉬운 정보 수집 통로다. 그러므로 항상 귀를 열어두고 하찮아 보이는 정보라도 일일이 수집한 다음 관리하는 것이 좋다.

남의 말을 잘 듣는 방법에는 여러 가지가 있다. 그중에서 무엇보다도 화자가 신이 나서 말하게 하는 것이 좋다. 신이 나서 말하면 감추어야 할 내용도 술술 새어 나온다. 더구나 전혀 생각지 못했던 아이디어까지 무의식중에 꺼내놓을 수 있다.

상대방이 신나게 말하면 즐겁게 들어주고 종종 맞장구를 쳐 주면 매우 좋은 인상을 준다. 그러면 분위기가 고조되고 상대방에게 화제를 풍부하게 만들려는 열정을 갖게 해준다. 마치 판소리에서 고수가 북을 치며 가수의 리듬과 흥을 돋구어주는 것처럼 말이다.

대화 도중 선부르게 결과를 예단하고 자신의 의견을 개진함으로써 오해를 사는 일이 종종 있다. 이런 태도는 상대방의 기분을 해칠 뿐만 아니라 예의에 어긋나는 행동이다. 일단 기분이 상하면 아무리 좋은 만남이라도 불쾌한 기분으로 끝을 맺게 된다.

절대 후회하지 않는 대화법

웅변가 데모스테네스 말하기 법칙 4가지

웅변가 데모스테네스는 말을 할 때 음성도 거칠고 발음이 불분명한 사람이었다. 그는 자신의 웅변이 청중에게 흡인력을 얻지 못하는 원인으로 말에 강·약이 없고 초지일관 비슷한 목소리 톤으로 말했기 때문이라는 사실을 깨닫는다. 그때부터 피나는 노력을 한 데모스테네스는 후세 사람들로부터 존경받는 웅변가가 되었다. 그가 내세우는 말하기의 법칙은 다음의 4가지다.

□ 발음을 정확하게 한다.

□ 부드러운 이야기를 할 때의 억양과 중요한 이야기할 때의 억양을 구분해야 한다.

□ 묘사력을 키운다.

□ 어휘 선택에 신중을 기해야 한다.

행복해서 웃는 것이 아니고 웃기 때문에 행복하다

기쁨을 얼굴에 새기는 사람을 만나면 즐겁다. 미소가 뚝뚝 넘쳐날 것만 같은 표정을 짓고 있는 사람이 있다. 그는 마치 이 세상이 감사할 일밖에 없다는 듯이 늘 미소를 짓고 있다. 그런 사람은 그 표정 때문에 세상 사람들의 사랑을 흠뻑 받으며 살아갈 수 있다.

미소란 밑천을 들이지 않는 자선행위다. 이러한 자선행위는 자신뿐 아니라 상대를 부드럽고 마음 편하게 해준다. 이런 자선행위에 참여하는 것을 주저하거나 두려워할 필요는 없다.

사람들은 상황에 따라 엄격한 표정의 가면, 화난 표정의 가면, 비굴한 표정의 가면을 쓴다. 이때 사람들로부터 가장 호응을 많이 얻는 가면은 미소 짓는 가면이다.

미소 짓는 가면은 자신의 내부에 소용돌이치는 어떤 감정의 소용돌이도 잘 감추어 준다. 따라서 당신은 가정에서나 직장에서 연인이나 친구 모두에게 기쁨을 줄 수 있는 미소 짓는 가면을 즐겨 쓸 수 있어야 한다.

화장은 우리의 표정을 감추고 일시적으로 상대방에게 좋게 보일 수 있다. 그러나 화장은 매일같이 지우고 다시 해야 하는 번거로움이 따른다. 반면 우리가 건강한 마음과 아름다운 생각으로 가꾼 얼굴은 매일같이 화장을 하거나 지워질까 염려할 필요가 없다.

이처럼 미소는 사람에게 행복을 가져다준다. 그러므로 누군가를 만나면 항상 미소 띤 얼굴로 마주하며 인사하고 말을 건네자. 설사 상대에게 좋지 않은 일이 생긴 경우라도 처음 얼굴을 맞대는 순간에는 미소를 띠며 말을 건네자.

데일 카네기는 말했다.

"미소는 가정에 행복을 주고 친구 사이를 더욱 가깝게 해준다. 피곤한 자에게는 휴식이 되고, 우는 자에게 위로가 되고 인간의 독을 제거하는 해독제가 되어준다. 그러면서도 이것은 쉽게 살 수도 없고, 누구에게 빌릴 수도 없고, 도둑질할 수도 없는 것이다."

언짢은 일로 어색해진 채 헤어지게 되더라도 웃음을 머금고 마무리 인사를 하며 말을 건네자. 영원히 절교할 사람이 아닌 이상, 웃으며 헤어지는 것이 다음 만남을 위해서도 좋다.

인간관계를 넓히기 위한 듣기 원칙

- □ 열린 마음으로 듣는다.
- □ 몇백 번을 들은 이야기라도 다시 한 번 더 들어준다.
- □ 상대방의 자랑을 들어주는 사람이 되어야 한다.
- □ 맞장구를 쳐준다.
- □ 상대가 말문을 열 수 있도록 허점을 보인다.
- □ 이야기를 재촉하지 않는다.
- □ 아는 것도 모르는 척한다.
- □ 상대가 말을 끝마칠 때까지 기다린다.

마음 상하지 않게 친절한 말로 거절한다

거절은 참 괴롭다. 고통스럽다. 짜증난다. 누구든 거절하는 자리를 피하고 싶다. 실제로 'No'는 사람들이 가장 난처해하는 표현 중 하나다. 상대방의 설득에 대하여 'No' 하지 못하는 것은 상대와의 인간관계를 해칠까 염려해서다. 하지만 명확하게 가부를 표시하지 않음으로써 비롯되는 폐해가 더욱 많다는 것을 안다면, 우리는 더 당당하게 예스와 노를 말해야 한다.

반대로 상대가 어떤 방법으로 나의 부탁을 거절해도 그를 탓할 수는 없다. 거절 앞에서는 변명할 필요가 없고, 거절한 사람을 몰인정하다거나 불친절한 사람이라고 생각할 필요도 없다. 그것은 자신의 입장에 비추어 몰인정하고, 불친절한 것이지 모두의 입장에 비추어보면 그런 것도 아니다.

거절이라는 개인적인 권리를 잘못 사용하면 많은 실수를 범한다. 만약 상대의 기분과 상황을 고려하지 않고 일언지하에 '노'라고 해보라. 그 당장 지금까지 상대에게 쌓았던 신뢰의 벽이 무너지고 만다. 상대의 청을 들어주기 힘든 상황임에도 차마 거절하지 못해 어설프게 승낙하면 두 사람 다 곤란한 처지에 놓이는 건 당연하다.

상대가 부탁할 때, 가장 먼저 자신이 그 일을 도와줄 수 있는지 그렇지 않은지 신중하게 고려해야 한다. 우리가 거절하기 힘든 이유는 바로 '정' 또는 '친분' 때문이다. 친분이나 정을 생각하자니 그 사람의 청을 들어주어야겠고, 내 입장을 떠올리면 상대의 청을 들어주기 힘들 때 갈등한다. 이럴 때 바람직한 대처방안은 바로 상대를 배려하여 거절하는 말을 익히는 것이다.

또한 누구라도 거절을 당하면 서운하다. 그러나 일언지하에 거절당하는 것과 사정을 설명하고 할 수 없음을 솔직하게 이야기하며 거절할 때는 부탁하는 입장에서도 어쩔 수 없음을 판단하게 된다. 결국 상대의 입장을 배려하며 기분 좋게 거절하되, 계속해서 부탁할 경우엔 아주 단호하게 거절해야 함도 잊지 말아야 한다.

일본인은 상대방의 부탁이나 제안에 대해, 아무리 싫더라도 직설적으로 안 된다고 말하지 않는다. 대신 조심스럽게 자기가 거절할 수밖에 없는 이유를 설명하며 부드럽게 거절 의사를 밝힌다. 그러면 상대는 거절 의사를 눈치 채고 부탁이나 제안을 스스로 거두어들인다고 한다.

친한 관계이거나 존경하는 사람에게 거절을 표한다는 것은 참으로 어려운 일이다. 더군다나 어떤 목적을 가지고 달려드는 집요한 설득자들로부터 자신을 보호하기는 더욱 난감하다.

세상살이란 어떻게 보면 설득과 거절의 공방전처럼 보인다. 거절하자니 불쾌하고 승낙하자니 부담된다. 이럴 때 자칫 설익은 반응을 보였다간 상대로부터 우유부단하다는 힐난을 받기 쉽다.

우리가 겪는 대표적인 경우가 돈을 빌려달라거나 보증, 청탁, 이성 소개라든가 상품 비즈니스 등이다. 이런 상황에 접하면 사람들은 다음의 몇 가지 심리 기제 때문에 거절의 말이 목구멍까지 나왔다가 들어간다.

첫째 이유는 자존심이다.

저 사람이 보기에 나는 부자인데 거절한다면 체면이 서지 않을 거라는 심리 상태다. 하지만 상대는 그 점을 비집고 들어서고 있음을 알아야 한다.

둘째는 의리다.

과거의 동창이나 직장 동료, 친척의 부탁은 쉽게 거절하기 어렵다. 하지만 그런 상황에서 이득을 보는 것은 부탁하는 그들이 아니라 제3자임을 직시하라. 물론 상대가 피치 못할 상황이고 자신도 형편이 가능하다면 도와줄 수 있지만, 그렇지 못할 때는 좀 더 간곡한 표현으로 거절해야 한다.

셋째는 자기과시욕이다.

상대편이 자신의 성공을 은연중에 부추기면 우쭐하는 마음에 고개를 끄덕인다.

넷째는 거절의 근거를 찾지 못하는 데 있다.

노련한 비즈니스맨들은 처음부터 예스라는 말을 목표로 교묘하게 주변부터 공략해온다. 이런 화술에 한번 말려들면 어어 하는 사이에 공략당하고 만다.

기분 좋게 거절하는 리액션

- □ 마음 상하지 않게 친절한 말로 거절한다.
- □ 거절을 하더라도 웃으면서 거절하자.
- □ 바로 그 자리에서 거절하는 것보다 시간을 둔다.
- □ 쓸데없는 변명이나 속 보이는 거짓말은 삼간다.
- □ 거절하는 이유를 확실히 알려준다.
- □ 많은 사람들 앞에서 거절하는 모습을 보이지 않는다.
- □ 거절한 이유를 메일이나 편지로 설명한다.
- □ 거절 이유를 명확히 설명하고 다른 것을 도울 수 있는지 묻는다.
- □ 거절한 뒤 다른 사람들에게 소문을 내지 않는다.
- □ 부탁을 들어줄 명확한 조건을 제시해본다. 조건을 맞추면 들어준다.

거절 이유를 설명하고 다른 것을 도울 수 있는지 묻는다

상대의 부탁을, 특히 잘 아는 주변 사람들의 부탁을 거절하기 쉽지 않다. 자신이 상대의 부탁을 들어줄 수 없음에도 거절하기 곤란해서 망설일 때가 많다. 그러나 들어줄 수 있는 부탁이면 아주 흔쾌하게 상대를 기분 좋게 만들면서 들어주는 것이 더 낫다.

어차피 들어줄 부탁인데 튕기며 '내가 당신을 도와주고 있어'라는 고압적인 자세를 보일 필요는 없다. 그런데 문제는 친하게 알고 지내는 주변사람들의 부탁을 거절하기 곤란한 경우다.

만약 상대가 부탁해올 때 '안 됩니다. 그렇게는 못합니다'라고 정면으로 거절하면 상대는 감정부터 상해져 불쾌해진다.

"네, 옳으신 말씀입니다."

"맞는 말입니다."

이렇게 상대의 의견에 동의한 다음, '하지만' '그렇지만' 하며 거절하는 것은 상대의 자존심을 건드리지 않고 자신의 주장을 내세우는 방법이 된다. 하지만 이 방법은 상대의 이야기를 경청하는 습관에 서툰 한국 사람에겐 오해의 소지가 많은 거절법이다.

그리고 '다른 분께서는 이렇게 하셨거든요'라고 제3자의 사례를 들어 거절을 무마시키는 방법도 있는데, 이는 다른 수많은 사람들이 응낙했다는 것을 예로 들어, 거절의 타당성을 이야기하는 것이다. 이처럼 거절하는 여러 가지 대응법이 있지만, 상대방의 절박한 상황을 이해하고 진심으로 돕고 싶으나 그럴 수 없다는 것을 어떤 식으로 표현해야 상대를 배려하며 이야기하는 것이 될까?

첫째, 상대방의 입장을 존중한다는 자신의 의사를 충분히 표현해야 한다.

상대의 의견을 긍정적으로 검토하는 자세를 보이고, '당분

간' 이나 '지금은'이라는 말을 사용해 여운을 남기는 것은 지금 당장은 상대의 청을 들어줄 수 없다는 뜻을 우회적으로 밝히는 것이다.

둘째, 상대방의 의견을 충분히 검토했음을 보여준다.

급하지 않은 청이라면 그 자리에서 당장 거절하기보다는 '그것에 관하여 진지하게 생각해보겠습니다'라는 식으로 이야기하고 '검토를 해봤는데, 저희로서는 약간 무리인 것 같습니다'라고 요청을 들어줄 수 없는 이유를 논리 정연하게 이야기하면 상대는 비록 자신의 청이 받아들여지지는 못했더라도, 진지하게 검토해준 점에 감사할 것이다.

셋째, 때로는 '안 됩니다'라는 일언지하의 거절이 필요할 수도 있다.

말의 요점을 똑바로 이해하지 못하거나, 오해를 할 수 있는 사람의 경우 다른 우회적인 말을 많이 하는 것보다, 한 마디로 '안 됩니다'라고 일언지하에 거절하는 것도 필요한 방법이다. 분명한 거절은 오해의 소지를 줄여 시간 낭비를 막을 수 있기 때문이다.

넷째, 전화로 거절하기보다는 직접 만나서 거절한다.

흔히 상대에게 하기 싫은 말이나 미안한 말을 해야 하는 경우, 전화나 편지로 전달한다. 차마 그 사람의 면전에서 거절의 말을 하기가 어려운 것이 인지상정이다. 그러나 하기 어려운 말일수록 직접 만나서 하는 것이 바람직하다.

간단한 전화나 편지보다는 일부러 바쁜 시간을 내어 만나주는 성의도 성의려니와 얼굴을 마주 대하고 이야기하는 것이 자신의 의중을 제대로 전달할 수 있기 때문이다.

(…) 절대 후회하지 않는 대화법

꾸지람도 행복으로 여겨라

돌을 녹여 그 속에서 금을 추출해내는 것은 그 돌을 녹이는 값보다 그 속에서 나올 금이 더 값어치가 있기 때문이다. 아마도 금이 값어치가 없다면 아무도 그 돌을 불에 녹여 제련하려 들지 않을 것이다. 윗사람이든 어른이든 혹은 친구 간에도 꾸지람을 들었다고 절망할 필요는 없다. 꾸지람을 들은 것은 돌 속에 든 금처럼 아직 그 사람이 쓸모가 있기 때문이다.

웃으면서 거절하고
웃으면서 거절당하자

구세군 창설자인 윌리엄 부드가 젊었을 때였다. 그는 거의 매일 술에 취해 사는 한 주정뱅이를 보면서 안타까웠다. 그는 주정뱅이에게 다가가 교회에 나가 새 삶을 살도록 권했지만 주정뱅이는 들은 체도 않고 가버렸다.

며칠 후 부드는 거리에서 술에 취한 주정뱅이를 다시 만났다. 그러자 주정뱅이가 부드를 향해 말했다.

"만약 내가 죽고 난 다음에 천당과 지옥이 있는 것을 확신한다면 당신처럼 전도하지는 않을 것이오. 한 번 말을 건네 거절당했다고 해서 냉큼 포기한다면 도대체 교회에 나갈 사람이 누가 있겠소?"

그의 말에 부끄러워진 부드는 그때부터 거절을 당한다 해도 쉽사리 물러서지 않고 한 영혼을 구제하는 일을 계속해나갔다.

대개의 사람들은 일이나 인생에서 거절당하는 일을 많이 겪는다. 거절을 당하면 아무리 의지가 강한 사람이라도 언짢은 기분이 들기 마련이다. 그렇다고 세상 살면서 거절을 당하지 않고 늘 자신이 마음먹은 대로, 원하는 대로 모두 이루어지라는 법은 없다.

거절이 당장 내 앞에 현실로 닥치더라도 신이 나의 신념과 열의를 시험하는 것이려니 여기도록 해야 한다. 거절당할 때마다 새로운 결심을 하는 것이다. 반대로 부탁을 거절한 사람도 이유가 있음을 알아야 한다.

영국 소설가 조너선 스위프트는 목사가 되기도 하고, 또 성당의 사제가 되기도 했으나 그 위치에 만족하지 못하고 작품활동을 계속했다. 《걸리버 여행기》는 그의 유명한 소설이다.

어느 날 스위프트가 하인과 함께 여행을 떠났다. 첫날은 호텔에서 묵고 그다음 날 아침 일찍 길을 떠나려고 하인에게 말했다.

"이제 곧 아침을 먹고 또 길을 떠나야 하니까 바로 내 구두를 닦아놓게."

잠시 후 떠날 채비를 하며 구두를 신으려고 보니까 구두가 닦이지 않은 채 그대로 있었다.

"구두를 미리 닦아놓으라고 했는데, 아직도 닦아놓지 않고 이게 뭐냐?"

그러나 하인은 씩 웃으며 말했다.

"주인님, 어차피 조금만 가면 곧 더러워질 텐데 닦은들 뭐 합니까?"

스위프트는 기가 차서 아무 말도 않고 떠날 준비를 서두르며 하인과 함께 식당으로 내려갔다. 스위프트는 지배인에게 뭔가를 부탁하고 와서 자리에 앉았다. 그렇지만 끝내 하인의 식사는 나오지 않았다. 스위프트가 곧 자리에서 일어서며 말했다.

"자, 이제 출발하자."

"주인님, 저는 아직 밥을 먹지 못했는데요."

스위프트가 웃으며 말했다.

"그까짓 아침밥쯤 굶으면 좀 어떤가. 지금 밥을 먹어도 어차피 조금 있으면 또 배가 고플 텐데…."

우스운 예화지만, 남에게 부탁을 한다는 일은 그리 쉬운 일이 아니다. 마찬가지로 부탁하는 데 거절하는 일도 쉽지 않다. 가급적 특별한 경우가 아니라면 남에게 무리가 되는 부탁을 하지 말아야 하며, 설사 너무 급박해서 부탁을 했는데 거절당했다 하더라도 상심할 필요는 없다.

절대 후회하지 않는 대화법

상대의 말에 동감을 표시하는 법

□ 상대의 말이 끝나면 고개를 끄덕여준다.

□ 상대의 말이 끝나면 동의의 손뼉을 쳐준다.

□ 얼굴을 가까이 내밀며 다음 말을 유도해낸다.

□ 상대가 말하고 난 다음 바로 궁금한 듯 질문한다.

□ 이어질 말을 재촉한다.

□ 상대의 말에 감탄사를 보낸다.

□ 어려운 상황에서는 격려의 맞장구를 보낸다.

□ 상대의 말이 끝난 뒤 정리하는 맞장구를 친다.

5

결국 말로
사람을 얻는다

상대방 이야기에 귀 기울여서 나쁠 것은 없다.
상대방의 이야기를 경청하는 것은
상대를 높이는 최고의 경의 표시다.
사람들의 이야기를 들어주고 같이 이야기하는
것만으로도 쉽게 좋은 친구를 얻을 수 있다.
미련한 사람은 자신의 이야기만을 늘어놓음으로써
자신의 일천한 지식을 폭로하고 만다.

어떠한 사람의 말이라도,
비록 상대가 어리석은 사람이라 할지라도
그 말 속에서 무엇을 듣고자 하는 사람은 앞선 사람이다.
자기가 아는 것을 자랑하고, 가르치고,
설교하고 싶어 하는 사람은 진보가 없는 사람이다.
듣기도 하고 말하기도 하며 지내는 것이
인생의 자연스럽고도 진실한 모습이다.

– 존 러스킨

폭풍을 일으키는 것은 가장 조용한 말이다

방울뱀이 궁지에 몰리면 잔뜩 화가 난 나머지 가끔 자신을 물어버리는 수가 있다고 한다. 증오나 분노를 마음에 품는 것은 이와 같이 자신을 물어뜯는 행위나 다름없다. 우리가 품는 증오나 앙심이 다른 사람들을 해친다고 생각하지만 실상 더 깊은 상처는 그것을 품은 자신에게 돌아온다.

말 또한 마찬가지다. 두 사람이 대화를 하건 여러 사람이 대화를 하건 의견이 서로 다르거나 마음에 들지 않는다고 함부로 화를 내거나 귀찮아서 짜증을 부리는 말투는 삼가야 한다.

한 청년이 가만히 있는 유리창을 주먹으로 쳐서 100바늘이나 꿰매야 하는 중상을 입었다. 경찰관이 그에게 왜 그런 짓을 했느냐고 물었다. 그러자 청년이 말했다.

"단지 화가 나서요."

화가 났을 때에도 항상 자신을 제어할 줄 아는 사람에게는 크나큰 이익이 돌아간다. 화를 품고 있는 동안 우리 몸에서는 어떤 좋은 현상도 일어나지 않는다.

화가 나면 잠시 모든 일을 중단하고 화의 먼지가 완전히 가라앉기를 기다려보자. 그렇게 하기 위한 가장 좋은 방법은 20부터 거꾸로 1까지 세는 방법도 있다.

20, 19, 18, 17, 16, 15……1.

화가 났을 때 허파를 통해 나오는 공기를 시험관에 담아 영하 220도로 온도를 낮추면 액체공기가 된다고 한다. 이 액체를 실험쥐에 주사하면 즉사할 만큼 맹독을 지녔다는 말이 있다.

단지 맹독이 아니더라도 화를 내는 동안 사람의 맥박 수는 증가하고 신장의 기능은 떨어진다. 또 심리적으로 불안정한 상태가 되므로 증가한 불안 긴장 스트레스가 신체의 면역 기능을 현저히 떨어트리는 결과를 가져온다. 한마디로 화는 자신을 죽이는 독약이 된다는 이야기다.

비행기를 타고 최초로 하늘을 날던 라이트는 만찬에 초청받아 갔다가 친구로부터 핀잔을 들었다. 그 만찬장에서 최초로 비행한 사람은 라이트 형제가 아니라 랭글리 교수였다고 주장하는 사람들이 있었다.

라이트가 자신의 업적이 저평가되는 상황에 대해서 아무런 반박도 하지 않자 친구가 그에게 말했다.

"자네는 입이 무거워 말이 없는 게 흠이야. 왜 자네 권리를 주장하지 않나? 저들이 자네 업적을 비하하고 있지 않는가 말야. 자네가 더 많이 선전해야 할 걸세."

라이트는 친구의 성화에 못 이겨 조용하게 한마디했다.

"이봐, 새들 중에 가장 말은 잘하지만 제일 날지 못하는 것은 앵무새라는 걸 모르나."

대화 도중 화나는 일이나 짜증나는 말을 가급적 피하는 것이 무리 없이 대화를 이끌어가는 방법이다. 또한 상대의 말을 들어줄 때도 자기 의견과 다르다고 무시하는 반응을 보이거나 시큰둥하게 대하거나 또는 짜증 섞인 반응을 보인다면 말하는 당사자도 마찬가지로 화가 나거나 짜증이 날 수도 있다.

이럴 때 사람들 사이엔 미움과 무관심, 상처가 생겨나는 법이다. 말로 입은 상처는 마음의 상처로 남는 경우가 많다. 이럴 때 말도 보이지 않는 하나의 폭력적 대응으로 변하기 쉬운 도구가 된다.

라이트가 친구의 독촉에 이렇게 응수한 것은 아주 상수에 속한다. 잘못된 상황을 바로잡고자 흥분하는 친구와 더불어 화를 내는 것이 아닌, 현명한 말 한마디로 친구의 분노를 줄여준 것이다.

처신을 잘못한 사람에겐 따끔한 일침을, 험담을 하려는 친구에겐 수용을 보여주는 근사한 한마디, 이런 것들이 말의 묘미다.

앞서도 얘기했지만 웃는 얼굴에 침 못 뱉고, 경청하는 자세에 딴청을 못 부릴 것이고, 부드러운 말투로 상대를 인정하며 수긍하는 태도로 대화하면 어떤 무리한 변수가 생기지 않는다.

대화 도중 의견불일치로 상대의 주장을 반박하고 비난할 때 반드시 말은 무형의 색채를 띠고 사람들 사이에 칼을 들고 다니는 결과를 만들 뿐이다. 부디 화내거나 짜증부리거나 신경질을 부리는 등의 분노를 가라앉히며 대화하는 자세를 익혀라.

(…) 절대 후회하지 않는 대화법

협상의 원칙

□ 협상 과정과 절차는 서로에게 만족스러워야 한다.

□ 협상은 합리적이며 실행 가능한 것을 바탕으로 해야 한다.

□ 협상에서 일방통행은 금물이다.

□ 협상은 서로의 발전을 추구하기 위하여 진행하는 것이다.

비단이 대단히 곱다 해도 말같이 고운 것은 없다

직장에서는 상사가 아랫사람을 위해, 가정에서 남편이 아내를 위해, 부모가 자식을 위해, 학교에서 친구들을 위해 행하는 작은 배려, 그 하나로 세상은 더 풍족하고 신뢰감 있는 사회가 될 수 있다.

그러나 막상 사람을 위한 배려의 말을 건네기란 쉽지는 않다. 어차피 사람들은 자기 기분에 따라 행동하기 때문에 남을 위한 작은 배려는 몸으로 쉽사리 표출되지 않는다. 그러나 작은 것 하나만 신경을 써주면 된다. 그것은 우리가 일상생활에서 그냥 잊고 넘기거나 무시하기 쉬운 미묘한 부분들이다.

오랫동안 감옥에 있다가 세상을 나온 청년이 있었다. 그는 앞으로 무엇을 하며 살 것인가 고민이었다. 그런 걱정으로 얼굴을 찌푸리고 어깨를 구부린 채 길거리를 걷고 있었다. 그때였다. 어떤 신사가 청년에게 말을 걸었다.

"젊은이, 어때 잘 돼가나? 힘을 내게."

신사는 그 도시의 시장이었다.

몇 년 후, 말쑥한 옷차림의 한 기업가가 시장의 집무실을 방문했다. 기업가는 시장의 손을 잡더니 다짜고짜 "감사합니다!" 하고 머리를 숙였다.

시장이 의아해서 물었다.

"전 당신에게 아무것도 해드린 것이 없습니다."

그러자 기업가가 몇 년 전 길거리에서 있었던 일을 이야기해 주었다.

"그때 시장님에 제게 해주신 따듯한 말 한마디가 제 인생을 이렇게 바꾸어놓았답니다."

가장 높은 사람에서 가장 낮은 사람에 이르기까지 누구에게도 멸시하는 투로 말해서는 안 된다. 다른 사람을 기쁘게 해줄 때 느끼는 행복보다 더 큰 행복은 없다. 우리의 한 마디 한 마디가 기쁜 소식을 전하는 말이 되도록 해야 할 것이다.

조선 시대 황희 정승이 어느 해질녘, 밭두렁을 걷고 있는데 한 농부가 누렁소와 검정소 두 마리와 함께 밭을 갈고 있는 광경을 보았다.

황희 정승은 농부에게 다음과 같이 물었다.

"여보우, 누렁소와 검정소 중 어떤 소가 일을 더 잘하오?"

그러자 농부는 쟁기질을 멈추고 황희에게 귓속말로 대답했다.

"검정소가 더 잘합니다."

황희는 그가 귀엣말을 한 것이 궁금했다.

"그럼 그냥 그렇다고 이야기하지 왜 귓속말을 하시오?"

농부는 밭두렁으로 성큼 걸어 나와서는 이렇게 말했다.

"헤헤, 검정소가 일을 더 잘한다고 하면 우리 누렁소가 서운해 할 것 아닙니까. 저 녀석도 열심히 일하는데 검정소가 더 잘한다고 하면 마음이 상할까 봐요."

하찮은 미물이라도 그 마음을 헤아려 주어야 하는데, 하물며 인간 사이에선 어떤지 돌아보라는 이야기가 아니겠는가. 미물들도 자기를 위한 위로의 말을 알아들을 것처럼 대하는 농부의 경우처럼 말 한마디를 건네더라도 따듯하고 상대를 배려하는 말을 건네도록 해보자.

(…) 절대 후회하지 않는 대화법

협상을 할 때 상대에게 어떻게 말을 건네야 할까?

□ 정성을 들여 말을 해야 한다.

□ 상대의 말을 끝까지 진지하게 경청한다.

□ 여유 있는 화법을 구사한다.

□ 자신감 있게 말한다.

□ 핵심적인 부분만 요약해서 말한다.

□ 논쟁은 피한다.

꽃 볼 때 그냥 보지 말고 꽃처럼 웃으면서 감상한다

어떤 어려움이 닥치더라도 우리는 희망을 가져야 한다. '사망선고'를 받은 환자가 '어떠한 경우에도 살 수 있다'는 한 가지 희망만으로, 기적적으로 회생하는 경우를 자주 본다. 그 환자에게는 주변 사람들의 희망적인 생각이 환자에게 삶의 의지를 갖게 했을지도 모른다. 희망적인 생각은 긍정적인 말을 만들어낸다.

제2차 세계대전 때의 일이다. 한 군의관이 전쟁 중 부상을 입은 병사들의 회복 속도를 연구했다. 보통은 경상자들의 회복 속도가 빠르고 중상자들의 회복 속도가 늦어야 정상인데, 실제로는 정반대의 결과가 나타났다고 한다.

연구 결과 그 원인은 부상병들의 심리 상태에서 찾을 수 있었다. 경상자들은 회복이 빠르면 다시 전쟁터로 돌아가야 한다는 불안감을 가지고 있었다. 반대로 중상자들은 빨리 회복하면 할수록 집으로 돌아가는 시간이 앞당겨진다는 희망에 차 있었다. 이러한 불안과 희망이 결국 회복 속도에 영향을 미친 것이다.

군의관은 이를 토대로 불안하면 '아드레날린'이라는 해로운 호르몬이 많이 생성되고, 긍정적이면 '엔돌핀'이라는 유익한 호르몬이 다량으로 분비된다는 것을 발견해냈다.

미국 제36대 대통령 린드 존슨은 96킬로그램이 넘는 몸무게로 고심하고 있었다. 존슨은 체중 감량을 위해 노력했으나 번번이 실패했다. 남편의 노력이 결실을 못 맺자 그의 아내가 남편에게 희망적이고 긍정적인 말 한마디를 던졌다. 존슨 대통령은 아내의 그 한마디를 듣고 다시 시도해 성공을 거뒀다. 그의 아내는 이렇게 말했다.

"만일 당신이 자기 자신조차 조절할 수 없다면 어떻게 국가를 경영하겠다는 생각을 가질 수 있습니까? 당신의 의지는 미국의 희망입니다. 자신을 극복할 수 있어야 국가 경영도 실패하지 않을 것입니다."

존슨은 이 말을 마음 깊이 듣고 체중 감량에 노력한 결과 80킬로그램까지 뺄 수 있었다.

유익하고 희망적인 생각을 품고 환자를 위한 유쾌한 비전의 말을 건넨다면, 그것은 시한부 환자조차 살려낼 수 있는 명약이다. 얼마 살지 못할 것이라고 의사가 판정했더라도 삶에 대한 의욕을 품게 하는 희망의 말, 긍정의 말, 치료의 말은 죽음조차 이겨낼 만큼의 위력을 지닌다.

희망의 말, 위로의 말, 긍정의 말을 함으로써 주위 사람들이나 자신에게 상처를 보듬기 위한 보호막을 만들어보자.

⋯ 절대 후회하지 않는 대화법

협상에 들어가기 전 점검할 내용

□ 협상에 임하기 전, 참석할 사람의 기본적인 인적 사항들을 체크해 둔다.

□ 참석한 사람의 이름과 직책은 반드시 외워서 사용한다.

□ 협상에 나오는 사람 중 가장 지위가 높고 주요한 인물은 누구인지 파악해둔다.

□ 우리 측의 현황과 미래, 핵심보유기술, 시장상황, 경쟁사 비교, 자사의 단점극복 방안을 정리해두어야 한다.

□ 상대측의 플러스 요인과, 마이너스 요인을 체크해둔다.

□ 양보할 수 있는 협상의 마지노선에 대해서 충분히 의견을 나눈다.

□ 상대측이 협상에서 소비할 수 있는 시간이 어느 정도인지 파악하여 너무 길게 진행하지 않도록 한다.

말 실수하면 변명하지 말고 바로 사과한다

작은 잘못도 자꾸 숨기려 하면 산만큼 커진다. 하지만 솔직히 고백하면 그 잘못은 금세 없어지고 만다. 단순히 고백하는 것이 아니라 잘못을 만회하기 위해 무엇이든 하려고 열성을 보인다. 그러므로 실수에 따른 책임을 어느 정도 만회할 수 있다.

대부분의 사람들은 실수를 피할 수 없다. 그런데 실수는 감추려 들수록 그 잘못이 산처럼 더 커진다. 오히려 실수는 그 잘못을 인정하고 사과하거나 고치고자 노력할 때 잘못의 범위는 줄어든다.

실수를 저지르면 응당 진정한 사과가 뒤따라야 한다. 실수를 만회하려고 얕은꾀를 부려선 안 된다. 실수를 인정하는 것은 진심 어린 사과의 말로 가능한 일이다. 그래야 실수를 용서받는다. 진심 어린 말, 상대에게 사과할 때에 꼭 필요한 부분임을 잊지 말자.

질투심 때문에 한 친구를 무고하게 고소한 사람이 있었다. 재판이 진행될수록 친구의 결백은 드러나고 자신은 파렴치한 사람으로 몰려갔다.

재판을 포기할까 생각하기도 했지만 자존심 때문에, 손가락질할 주위의 여러 사람 때문에 재판을 포기하지 못했다. 그는 죄책감으로 불면증에 걸리고 위장병과 탈모증까지 생기고 말았다.

그는 더 이상 버티기 힘들다고 여겨졌을 때 고소를 취하하고 친구를 찾아갔다. 그리고 솔직하게 자신의 잘못을 뉘우치고 용서를 구했다. 그러자 친구도 그의 입장을 이해하고 모든 것을 용서하겠노라고 손을 꼭 잡아주었다.

그날 밤, 놀랍게도 그의 불면증은 치유되었고 오랜만에 숙면을 취할 수 있었다. 또 위장병과 탈모증까지도 날이 갈수록 호전되었다. 그는 그날의 상황에 대해서 이렇게 말했다.

"내가 잘못을 솔직히 시인하고 고백하는 순간, 그렇게 복잡하던 일들이 일사천리로 술술 풀려가는 것을 볼 수 있었다. 그것은 전혀 생각지도 못했던 일이었다."

절대 후회하지 않는 대화법

선입관이나 편견 등을 갖지 않는다

이야기를 들을 때 선입관이나 편견 등을 가지고 상대의 말을 들으면 그 사람이 지금 나에게 말하고자 하는 것이 무엇인지, 지금 느끼고 있는 것이 무엇인지 제대로 알 수 없게 된다. 그러므로 주관적인 판단은 철저하게 배제하고 상대의 입장에서 한 번 더 생각할 수 있는 자세를 기르기 위해 노력해야 한다.

모두가 알아듣도록 간결하게

위대한 연설가들이 공통적으로 지킨 원칙, 그것은 'KISS'다.

이 말은 입술과 입술을 맞대는 키스가 아니라 '단순하게 그리고 머리 나쁜 사람들도 알아듣게 하라 Keep It Simple, Stupid'는 영문의 축약이다.

세계적 지도자들의 연설문을 보면 진부한 표현, 과장된 문장, 전문용어, 유행어들이 전혀 들어 있지 않다. 단순한 표현만으로도 감동적인 연설을 할 수 있다.

물론 그들을 흉내 낸다고 해서 처칠이나 루스벨트가 될 수는 없다. 하지만 자신이 하고 싶은 말을 정확하게 청중에게 전달할 수는 있다. 어떻게 보면 청중에게 입술을 맡김으로써 사랑을 얻는 일이 바로 강연이나 연설이다.

유명 연설가의 연설에는 배울 점이 많다. 어떤 분야에서든 성공한 사람은 다 그렇겠지만 자신의 의사를 효과적으로 표현하는 능력을 가진 사람들은 대부분 성공에 이르렀다. 그들의 특징은 무엇보다도 간결함이었다.

링컨이나 케네디, 처칠 등과 같이 성공한 사람들이 지지자들 혹은 반대자들을 설득하는 과정에서 연설의 질을 높이기 위해 말을 짧게 했다면 우리 역시 그 방법을 따르는 것이 현명하다. 왜냐하면 그들은 성공적인 길을 걸었기 때문이다.

처칠은 제2차 세계대전이 발발한 지 얼마 지나지 않은 1941년 10월 29일 모교인 해로우 스쿨에 초대받았다. 당시 영국인은 독일 공군의 런던 공습에 시달리는 등 고전을 면치 못하고 있었다. 사람들은 이 절박한 현실에서 그의 말에 귀를 기울였다. 이윽고 연단에 오른 처칠은 이렇게 소리쳤다.

"굴복하면 안 됩니다. 절대로, 절대로, 절대로 굴복하면 안 됩니다. 상대가 크든 작든 대단하든 보잘것없든 굴복하면 안 됩니다. 오직 명예의 확신과 올바른 판단을 제외하고는 그 어느 것에도 굴복하면 안 됩니다."

그러고는 모자를 집어 쓰고는 연단에서 내려왔다. 그것이 처칠이 한 졸업식 축사의 전부였다. 그러자 장내에는 우레 같은 박수소리가 울려 퍼졌다.

처칠의 그 짧은 연설은 해로우 스쿨의 후배들만을 위한 것이 아니었다. 그것은 어떤 고난이 있더라도 세계의 평화를 위협하는 나치에 굴복하지 않을 것이고, 정의는 반드시 승리하고야 말 것이라는 처칠의 사자후였다. 이 노수상의 말에 영국뿐만 아니라 전 세계 국민들이 박수갈채를 보냈다.

이처럼 사람에게 감동을 주는 말은 그다지 요란할 필요가 없다. 간결하게 그리고 명확하게 자신의 의사를 표현하면 된다.

"왜 사람들은 내 말을 이해하지 못할까?"

이런 고민에 빠져 있다면 사람들이 나에게 무슨 말을 듣고 싶어 하는지를 찾으라. 그들이 무작정 나를 이해해줄 것이라는 착각은 금물이다.

진정한 커뮤니케이션은 나로부터 시작된다. 인생이란 자신이 누구이며 내 주변 사람들은 누구인가를 발견해나가는 끝없는 탐험과도 같다. 중요한 것은 당신이 누구이며 어떤 생각을 하는지를 다른 사람과 계속해서 공유해나가야 한다는 점이다.

상대의 말문을 트이게 하는 리액션

□ 즐거운 이야기로 분위기를 살릴 것

□ 상대의 입장에서 말할 것

□ 상대의 취미에 적극적인 관심을 보일 것

□ 상대방이 적의를 노출시켜도 그 적의에 개의치 말 것

□ 생각의 폭을 넓혀 상대를 이해할 것

□ 서둘지 말고 천천히 공략할 것

□ 상대의 장점을 넌지시 말해줄 것

□ 얼굴에 웃음 띠고 말할 것

□ 상대에게 의논하듯 말해볼 것

□ 이해하고 있다는 태도를 보여줄 것

□ 무뚝뚝한 상대에게는 문답법을 실시할 것

생각하지 않고
질문을 던지지 마라

이야기란 그날그날 상대의 감정에 따라 충분히 달라질 수 있음을 기억해야 한다. 상대의 기분이 좋지 않을 때, 또는 상대의 기분이 좋을 때에 따라 그에 맞는 화제를 배려해주는 것이 좋다.

사회적으로 성공한 사람들의 공통점 중 하나는 상대의 섬세한 감정 부분까지 살필 줄 안다는 것이다. 작은 일이라도 상대의 심중을 헤아려 상황에 맞는 적절한 화제를 던질 줄 아는 사람이 말을 잘하는 사람이다.

대학 입시 결과를 기다리던 고3 자녀를 둔 두 명의 엄마와, 재수생을 둔 엄마가 함께 모여 점심 식사를 하던 중이었다. 갑자기 재수생을 둔 엄마에게 연락이 왔다.

"응 그래, 합격했다고, 그래 우리 아들, 장하다 잘했어!"

그러자 한 엄마가 이렇게 말했다.

"이제 ○○엄마는 고생 끝이겠네. 좋겠어. 등록금만 준비하면 되겠네."

그런데 다른 엄마는 이렇게 말했다.

"1년 동안 재수하는 아들 때문에 마음고생 많았는데, 이제 잘됐어. 정말 축하해."

똑같은 상황에서 축하의 말을 건넸지만, 앞의 엄마는 마치 자신의 아이가 제대로 시험을 치르지 못해 질투가 나서 한 말처럼 들린다. 그 말 속에 가시가 들어 있는 느낌이 들지 않는가.

반면에 뒤의 엄마는 진심으로 합격을 축하해주는 마음을 보여주는 것 같지 않나. 힘들게 얻은 결과임을 인정해주는 진심 어린 말투로 이미 재수생을 둔 엄마의 마음을 얻은 진실의 말을 건넨 것이다.

가령, 고등학교 자녀를 둔 중년 여인들의 고교동창생들이 모인 자리라고 치자. 때마침 대학입시 결과가 발표된 직후였다.

동창생의 자녀 중 한 사람은 소위 말하는 일류대학을 갔고, 나머지 한 명은 자칫 삼류라고 칭하는 대학을 그것도 가까스로 들어갔다.

그때, 당연히 자녀가 일류대학을 간 친구에게는 어떤 칭찬의 말도 건네기가 쉽다. 그런데 반대의 경우인 동창생에게는 과연 어떻게 말을 건넬 것인가. 생각해봐야 한다.

“얘, 넌 참 좋겠다. 네 아들이 일류대학 갔으니, 이제 어깨 좀 펴고 다녀도 되겠어.”

이런 칭찬을 받은 친구는 기분이 좋지만, 같은 자리에서 그보다 못하다는 대학을 간 친구에게 한다는 말이 이렇다면 곤란하다.

“그래도 대학엘 갔으니 다행이다. 한 턱 내.”

그 친구는 이 말을 축하라고 받아들일까. 그 친구가 느낄 상대적 빈곤감을 생각해본다면 그 자리에서는 대학 입학 얘기는 꺼내지도 않은 것이 마땅하다.

어떤 분위기나 상황이든 그 자리에 맞는 대화법이 존재한다. 상대의 기분도 고려하지 않고 아무렇게 축하의 말을 건네거나 질문을 던지는 행동은 삼가야 한다.

반론을 보인다는 것 또한 기술

나와는 전혀 다른 의견의 이야기를 들을 때, 내 생각은 이러이러하다고 이야기하고 싶다면 어떤 방법으로 말을 하는 것이 가장 효과적일까.

정문일침頂門一鍼이라고 했다. 백 마디 말을 써 상대의 말을 부정하고, 자신의 논리를 주장하는 것보다는 상대의 말에 동조해가면서 상대가 스스로 논리적 허점을 찾아낼 수 있도록 하는 것이 더욱 중요하다. 무작정 반론을 제시하면 상대는 강한 거부감을 느끼기 마련이다. 적당한 때 적절하게 반론을 제시하고, 내 의견을 남과 조율할 수 있도록 한다.

듣기 좋은 말은 아직도 무료다

어떤 집단에서든 사람 사이에 의견 충돌이나 마찰이 생기기 마련이다. 그리고 어떠한 사람이든 비난이나 구설수의 주인공이 될 수도 있다. 그러한 때 유머 감각을 발휘하여 자연스럽게 위기를 모면할 줄 아는 사람이야말로 재치 있는 사람이다.

유머란, 지금까지 생각하던 고정 관념적인 대답을 피해 충격을 줄 수 있는 반전을 그 묘미로 삼는다. 뿐만 아니라 유머는 말의 실수를 무마시키는 기능까지 지니고 있으며, 사람과 사람 사이를 부드럽고 자연스럽게 만드는 친화력을 갖고 있다.

구성원들 사이의 갈등과 긴장을 유머로 조절해줄 수 있으며, 재치로 순간의 위기를 기회로 잡을 수 있는 사람이야말로 자연스럽게 집단의 중심이 될 수 있다.

미국의 천문학자 아사프 홀이 친구와 함께 레스토랑에서 식사를 했을 때의 일이다.

식사를 마치고 난 후 홀은 식당 사장을 불러서 다음과 같은 이야기를 꺼냈다.

"이 세상의 일들은 2500만 년을 주기로 해서 일어나고 있다는 사실을 아십니까?"

"네? 그런가요?"

"그럼요. 2500만 년을 주기로 해서 원상태로 돌아가는 겁니다. 그러므로 사장님과 저도 2500만 년 뒤면 다시 만나게 된다는 이야기입니다."

"정말 놀랍군요."

"그래서 드리는 말씀인데요. 저의 오늘 음식 값을 2500만 년 후에 지불하면 안 될까요?"

2500만 년 후에 음식 값을 지불하겠다는 홀의 이 말은 공짜 식사를 하겠다는 말과 다름없었다. 그러자 식당 사장은 빙그레 웃으면서 다음과 같이 말했다.

"그런데 어쩌죠? 지금부터 2500만 년 전에도 손님께서 우리 식당에서 식사를 하신 다음 2500만 년 뒤에 음식 값을 치르겠다고 하셨는데요. 그걸 기억 못 하시나 보죠? 이번에는 2500만 년 전의 외상을 갚아야겠는데요."

식당 사장의 재치 있는 대답에 홀은 난처해하며 음식 값을 지불할 수밖에 없었다.

여기서 식당 사장은 음식 값을 안 낼 요량으로 자신에게 농을 건네는 홀에게 곧바로 화를 내지 않고 재치 있는 답변을 해냈다. 그럼으로써 홀이 음식 값을 내지 않고는 배길 수 없게 만든 것이다.

난처한 상황이 되거나 어쩔 수 없는 분위기에서라도 재치 있는 유머는 사람들 간의 긴장의 끈을 풀어주고 새로운 국면으로 자연스레 넘어갈 수 있는 도구가 되어준다. 유머를 일상으로 끌어들여 대화의 조미료로 만들어도 괜찮다. 유머를 생활의 일부로 삶의 활력소로 만들어가는 노력, 그것을 활용해 볼 때다.

유머 있는 사람이 되려면!

- □ 끊임없는 자기 계발로 만족감을 느낀다.
- □ 정을 나누는 사람이 되도록 한다.
- □ 긍정적으로 생각하고 긍정적으로 말한다.
- □ 업무 스트레스를 줄인다.
- □ 즐길 줄 아는 자세를 지닌다.

단 1분 만에 No 아닌 Yes를 이끌어내기

인생의 가장 중대한 법칙 가운데 하나는 이것이다.

"무슨 일에든 남들은 나와 다른 생각을 한다."

그래서 비즈니스맨들은 다른 사람들과 이야기를 나눌 때 처음부터 서로 견해가 다른 주제를 꺼내서는 안 된다.

쌍방이 일치된 생각을 나눌 수 있는 문제부터 시작해야만 한다. 그것은 서로가 같은 목적을 위해 노력하고 있다는 점을 드러냄으로써 더욱 친밀감을 가져다줌을 명심해야 한다.

우리가 이와 같은 생각을 염두에 두고 있다면 대인관계의 실패를 절반 이상 줄일 수 있다. 이처럼 예스를 끌어내기 위해서는 상대를 인정하고 그 입장에서 생각하고 말하는 것이 중요하다. 이 말의 뜻을 진정으로 이해하는 사람이라면 다음과 같은 소리를 입 밖에 내서는 안 된다.

"그렇게 되지 않을 거야."

"그건 자네가 몰라서 하는 소리야."

이렇게 해서 얻어지는 것은 아무것도 없다. 자기주장이 묵살당하고 대신 상대의 주장을 받아들여줄 성인군자는 없기 때문이다. 상대의 자존심을 지켜주라. 그러면 상대도 역시 나의 자존심을 건드리지 않으려 조심할 것이다.

어떤 경우에도 상대방에게 예스라는 긍정적인 반응을 끌어내도록 노력해보자. 상대방이 일단 '노'라고 말하면 그 말을 다시 번복하기란 참으로 어렵다. 왜냐하면 한 번 부정적인 입장을 취한 문제에 대하여 예스라고 말하기에는 자존심이 허락하지 않기 때문이다.

시티 은행의 평범한 출납 계원이었던 제임스 에버슨은 그와 같은 고객의 마음을 잘 배려함으로써 바늘구멍 같은 경영자의 반열에 오른 사람이다. 그는 햇병아리 시절, 고객들이 계좌를 만들기 위해 창구에 들어서면 신청 용지를 기입하게 하고 접수하는 일을 맡았다.

그런데 문제가 있었다. 고객들은 에버슨이 인적 사항을 물으면 경계심을 품고 말해주려 하지 않았다. 울화가 치민 그는 종종 고객들에게 계좌를 개설해줄 수 없다고 선언했다. 이런 그의 대응은 자연히 부진한 실적으로 이어졌고 은행의 나쁜 평판으로까지 이어졌다.

이에 크게 반성한 에버슨은 고객의 입장에서 일을 처리하기로 마음먹었다. 그리하여 신규 고객이 오면 처음부터 예스라는 긍정적인 대답을 이끌어내겠다고 다짐했다. 하지만 쉬운 일이 아니었다.

그의 마음가짐은 바뀌었지만 고객들의 마음가짐은 그대로였기 때문이었다. 곰곰이 궁리한 끝에 에버슨은 고객들에게 이렇게 말해주었다.

"선생님의 마음에 들지 않는 사항은 기입하지 않아도 좋습니다. 그런데 만약 선생님께서 예금을 하신 후 불의의 사고라도 당하신다면 어떻게 하시겠습니까? 그럴 때를 대비해서 법적으로 가장 가까운 분께 저희가 통보할 수 있도록 조치를 취해두는 것이 좋지 않을까요?"

"아, 그렇겠군요."

고객이 그 말에 공감을 표시하면 그는 말을 덧붙였다.

"그럴 경우 저희들이 신속하게 일을 처리하기 위해서는 아무래도 선생님과 제일 가까운 분의 성함을 알아두는 것이 좋지 않겠습니까?"

"네. 그래야겠지요."

그러면서 고객은 두말없이 가족이나 친지들의 이름과 주소를 기입했다. 그 기록이 결국 은행을 위해서가 아니라 자신의 예금을 위한 것이라는 믿음을 갖게 되었기 때문이다.

이렇게 상대편의 입에서 '예스'라는 대답을 이끌어내는 방법은 나의 입장이 아니라 상대편의 입장으로 대하면 된다. 그것은 자칫 오해로 갈라질 수 있는 어떤 관계들을 오히려 끈끈한 신뢰감으로 맺어준다.

'네'라고 대답할 수 있는 사람

이 세상 사람들 가운데는 두 부류가 있다. 일을 부탁했을 때 본능적으로 '안 되겠는데요'라고 말하는 사람과, 본능적으로 '네'라고 말하는 사람이다.
당신이 함께 일할 동료를 선택하라면 어떤 사람을 선택하겠는가? 당신의 곁에 두어도 좋을 사람은 누구이겠는가?
당신은 당연히 '네'라고 대답할 수 있는 사람과 동료가 되기를 청할 것이다. 그렇다면 당신도 다른 사람의 부탁에 '네'라고 본능적으로 대답할 수 있는 사람이 되어야 한다.
당신이 오랜 시간 동안 교육받은 것은 누군가의 도움 요청에도 '네'라고 대답할 수 있도록 하기 위해서다.

자기 의도를 전달하는 데도
사전 준비는 필수

상대에게 상처주지 않고 진심을 전달하고, 자기 의사를 명확히 보여주고 싶을 땐 머릿속에서 말에 대한 사전 준비를 갖춰야 한다. 무심코 튀어나오는 말들이 돌이킬 수 없는 상황을 만들거나 자신의 명예나 이미지에 커다란 치명타가 될 수 있다는 것을 일상적으로 떠올리자.

미국 대통령에 네 번이나 당선된 루스벨트는 역대 대통령 중 연설을 잘하기로 손꼽혔다. 그가 연설을 하면 청중은 괴력에 빨려 들어가는 듯한 흡입력을 느꼈다. 이처럼 루스벨트 대통령이 명연설을 하게 된 데에는 나름대로의 비법이 있었다. 그것은 연설문을 준비할 시간적 여유가 충분치 않으면 절대 연설을 하지 않는다는 것이다.

한번은 이런 일이 있었다.

"저, 내일 갑자기 해야 할 연설이 생겼는데 어떻게 할까요?"

시간이 충분하지 않으면 연설을 하지 않는 대통령의 원칙을 아는 비서가 조용히 물었다. 그러자 루스벨트 대통령은 다음과 같이 말했다.

"내일? 내일 몇 시인데?"

"네, 오후 5시입니다."

"그래, 그럼 앞으로 20시간이 남았군. 만약 연설 시간이 15분 이내라면 할 수 있지."

이것은 루스벨트가 연설문 한 장을 쓰는 데 한 시간의 시간이 필요했기 때문이었다. 연설 시간이 결정되면 루스벨트는 서재에서 연설 원고를 써 내려갔다. 그는 원고가 완성되면 몇 번이고 다시 생각하고 고쳐 쓰기까지 했다.

루스벨트 대통령이 명연설을 하게 된 데에는 이처럼 미리 철저히 원고를 준비하고 써놓은 원고를 몇 번씩 고쳐서 써 내려간 나름의 노력이 있었기 때문에 가능한 일이었다.

이렇게 원고를 써서 자기 생각을 표현하는 일에도 시간이 필요한데, 중요한 비즈니스 자리, 회의 장소, 브리핑 자리에서 원고 없이 말을 할 때에도 그냥 입에서 흘러나오는 말을 할 수는 없다.

미리 어떤 말을 할지 준비가 되어 있지 않으면 말은 저 혼자 중구난방으로 떠돈다.

말 실수로 낭패를 보는 경우는 항상 머릿속에서 정리되지 않고 불쑥불쑥 튀어나오는 말투 때문에 생겨난다. 정제되지 않고 하고 싶은 말을 그대로 내뱉게 될 때 상대는 그 말을 어떻게 받아들일까. 특히나 거래관계에서 하고 싶은 말이 정리되지 않고 앞서 나왔을 때, 상대에게 마음을 읽혀버려 손해를 보기도 한다.

대화에서 말이란 미리미리 정리하고 준비돼야 함을, 그것이 자신을 지키는 무기임을 외면하지 말자.

(…) 절대 후회하지 않는 대화법

겸손하지 못하면

연옥에 가서 구경을 했다. 어느 한구석을 가보니 여러 사람들이 어깨에 무거운 돌을 가득히 지고 서 있었다. 이상한 생각이 들어서 물어보았다.

"도대체 저 사람들은 무엇 때문에 저렇게 무거운 돌을 짊어지고 서 있습니까?"

연옥의 제사장이 말했다.

"저 어깨에 돌을 짊어지고 서 있는 사람들은 세상에 살 때에 너무 교만해서 허리를 한 번도 굽혀본 적이 없어요. 그런데 낙원에 올라가는 문은 낮아서 허리를 굽히지 않으면 안 돼요. 그래서 낙원으로 들어가려면 허리를 굽혀야 되기 때문에 그 연습을 하느라고 저렇게 하고 있는 것입니다."

이는 세상에서 겸손하지 못한 사람들을 일깨워주는 교훈이다.

시간을 잘 맞춘 침묵은 말보다 더 좋은 웅변이다

젊은 철학자 랠프 월도 에머슨이 대사상가인 토머스 칼라일의 집을 방문했다. 두 사람은 호수 주변의 산책로를 걸으며 단 한 마디 대화도 나누지 않았다. 둘 다 지그시 눈을 감고 깊은 사색에 잠기기를 오랜 시간, 드디어 저녁이 되었다. 에머슨은 매우 기쁜 표정으로 칼라일에게 작별인사를 했다.

"오늘 선생님께 정말 많은 것을 배웠습니다."

칼라일은 밝은 표정을 지으며 에머슨의 손을 꼭 잡았다.

"나도 자네에게 한 수 배웠네. 자네는 매우 훌륭한 철학자가 될 걸세."

두 석학은 침묵 속에서 많은 것을 깨달았으며, 많은 말보다 침묵이 중요하다는 것을 알았던 것이다. 이 두 사람의 석학처럼 될 수야 없지만 우리도 가끔씩 침묵 속에 전해지는 가르침과 지혜를 경험해본다면 얼마나 좋을까?

너무 많은 말을 하다 보면 우리가 마음속에 품은 생각들이 저절로 드러나게 마련이고, 이로 인해 낭패를 보는 경우가 얼마나 많은가. 어떤 경우 자신의 지식에 대한 정보, 성격이나 개성마저 고스란히 말 속에 드러난다면 대인관계에서 그다지 성공할 가능성이 적다.

상대에게 많은 말을 함으로써 주게 되는 오픈된 이미지는 그리 득 될 게 없다. 그러나 입을 꼭 다물고 침묵하는 사람은 마음속에 무슨 생각을 품고 있는지, 어떤 성품의 사람인지 알 수가 없다. 그러므로 때로는 침묵을 통해 답변을 대신하는 인격을 키워보는 것도 중요하다.

말을 많이 하다 보면 쓸데없는 말까지 할 수 있다. 나중에 말한 것을 후회한들 일단 입으로 쏟아놓은 말은 도로 주워 담지 못한다. 그래서 자신이 함부로 했던 말 때문에 문제가 생기면 그것을 감당하기 위해 굉장한 고통을 겪는다. 그러나 자기의 입을 지켜 꼭 필요한 말, 유익한 말을 하고 쓸데없는 말을 떠벌리지 않으면, 나중에 고통을 겪을 일이 없다.

타우러스산의 정상 후미진 골짜기는 독수리들이 많이 서식하고 있다고 한다. 그런데 그 독수리들에게는 두루미가 가장 좋은 먹잇감인데, 두루미들은 떠들기를 아주 좋아하는 새들로 특히 날아다닐 때 큰 소리를 낸다고 한다.

이러한 소리들은 곧잘 독수리에게 좋은 신호가 되어 여행 중 소란스럽게 떠들어대는 몇몇 놈들은 독수리의 먹이가 된다. 그래서 나이 많고 경험이 풍부한 두루미들은 자신들의 소란스러운 약점을 드러내지 않고 위험을 피하기 위해 여행 전이면 항상 입에 가득 찰 정도의 크기인 돌을 집어 물고 떠난다. 이런 두루미들은 어쩔 수 없이 침묵을 유지하게 되어 독수리의 먹이가 될 위험에서 벗어나곤 한다는 것이다.

이 예화는 말을 줄임으로써 목숨마저 건져낼 수 있음을 보여준다. 말이 많으면 실수가 많을 수밖에 없다. 우리가 일상생활을 하면서 말 때문에 싸움의 불길을 키우는 일은 수두룩하다.

말로 싸움의 불길이 일게 될 때는 차라리 침묵하는 것이 좋을 때가 많다. 침묵이 때로는 금처럼 값진 경험을 가져다줄 것이며, 사람을 변화시키기도 한다.

입을 열어 다툼이 되느니 차라리 입을 닫고 침묵하는 게 대화의 한 방법임을 꼭 떠올리자.

(…) 절대 후회하지 않는 대화법

침묵은 훌륭한 예술

침묵은 가장 훌륭한 예술에 속한다. 생활의 분위기는 일상의 소용돌이 속에서 필연적으로 생겨나는 사소한 일, 곧 별로 중요하지 않은 일에 대해서 투덜거리거나 실랑이함으로써 어두워진다. 항상 모든 일이 우리 마음대로 이루어지는 것은 아니다. 그러나 사소한 일에도 화가 나거든 침묵으로 받아들이는 연습을 하라. 또한 항상 온화한 마음을 가지도록 애쓰며, 주변에 있는 사람들이 당신이 내는 불평으로 인하여 짜증을 내거나 힘들어하지 않도록 조심하라.